人は、
ゆく人だ。
て

目の前にある問題はもちろん、

人生の問いや、社会の課題を自ら見つけ、

挑み続けるために、人は学ぶ。

「学び」で、少しずつ世界は変えてゆける。

いつでも、どこでも、誰でも、

学ぶことができる世の中へ。

旺文社

漢検 ポケットでる順

5級

改訂版

旺文社

もくじ

編集協力　　　株式会社友人社
校正　　　　　原田俊行
本文デザイン　有限会社アチワデザイン室・佐藤誠
本文イラスト　三木謙次

漢検とは

●漢字検定（漢検）とは ※2020年1月現在

　本書が目指す「漢字検定（漢検）」とは、公益財団法人
日本漢字能力検定協会が主催する「日本漢字能力検定」
のことです。漢字検定は1級から、準1級・準2級をふ
くむ10級までの12段階に分かれています。

●受検資格

　年齢・学歴などにかかわらず、だれが何級を受検して
もかまいません。検定時間が異なれば4つの級まで受検
できます。受検には個人受検と団体受検があります。

●出題対象となる漢字

　漢字検定では、それぞれの級に定められた出題範囲が
あります。それぞれの級で新たに出題対象となる漢字を
配当漢字といい、当該級はそれ以下の級の配当漢字も出
題範囲にふくまれることが原則です。

　5級では、小学校で習う教育漢字1026字すべてが出題
の対象となります。

問い合わせ先

公益財団法人 日本漢字能力検定協会

本部　　　〒605-0074
　　　　　京都府京都市東山区祇園町南側551番地
　　　　　TEL.075-757-8600
　　　　　FAX.075-532-1110

URL　　　https://www.kanken.or.jp/

●おもな対象学年と出題内容

内容・級	レベル	漢字の書取	誤字訂正	同音・同訓異字	四字熟語	対義語・類義語	送り仮名	熟語の構成	部首・部首名	筆順・画数	漢字の読み	検定時間	検定料
2	高校卒業・大学一般程度	○	○	○	○	○	○	○	○		○	60分	3500円
	対象漢字数 2136字（準2級までの対象漢字1951字＋2級配当漢字185字） ※高等学校で習う読みを含む												
準2	高校在学程度	○	○	○	○	○	○	○	○		○	60分	2500円
	対象漢字数 1951字（3級までの対象漢字1623字＋準2級配当漢字328字） ※高等学校で習う読みを含む												
3	中学校卒業程度	○	○	○	○	○	○	○	○		○	60分	2500円
	対象漢字数 1623字（4級までの対象漢字1339字＋3級配当漢字284字） ※中学校で習う読みを含む												
4	中学校在学程度	○	○	○	○	○	○	○	○		○	60分	2500円
	対象漢字数 1339字（5級までの対象漢字1026字＋4級配当漢字313字） ※中学校で習う読みを含む												
5	小学校6年生修了程度	○	○	○	○	○	○	○	○	○	○	60分	2000円
	対象漢字数 1026字（6級までの対象漢字835字＋5級配当漢字191字） ※中学校で習う読みは含まない												

※5級で「誤字訂正」も出題内容と発表されていますが、過去に出題された実績はありません。
　そのため、旺文社漢検書シリーズでは5級で「誤字訂正」を掲載しておりません。

●漢字検定5級の審査基準

程　度	小学校第6学年までの学習漢字を理解し、文章の中で漢字が果たしている役割に対する知識を身に付け、漢字を文章の中で適切に使える。
領域・内容	《読むことと書くこと》 小学校学年別漢字配当表の第6学年までの学習漢字を読み、書くことができる。 ・音読みと訓読みとを正しく理解していること ・送り仮名や仮名遣いに注意して正しく書けること ・熟語の構成を知っていること ・対義語、類義語を正しく理解していること ・同音・同訓異字を正しく理解していること 《四字熟語》 四字熟語を正しく理解している（有名無実、郷土芸能　など）。 《筆順》　筆順、総画数を正しく理解している。 《部首》　部首を理解し、識別できる。

●漢字検定5級の採点基準

字の書き方	正しい筆画で明確に書きましょう。くずした字や乱雑な書き方は採点の対象外です。
字種・字体・読み	2～10級の解答は、内閣告示「常用漢字表」（平成22年）によります。旧字体での解答は不正解となります。
仮名遣い	内閣告示「現代仮名遣い」によります。
送り仮名	内閣告示「送り仮名の付け方」によります。
部首	『漢検要覧　2～10級対応』（公益財団法人日本漢字能力検定協会）収録の「部首一覧表と部首別の常用漢字」によります。
筆順	筆順の原則は、文部省（現文部科学省）編『筆順指導の手びき』（昭和33年）によります。常用漢字ごとの筆順については、『漢検要覧　2～10級対応』収録の「常用漢字の筆順一覧」によります。
合格基準	合格のめやすは、正答率70％程度です。200点満点ですから、140点以上とれれば合格の可能性大です。

●許容の範囲

　印刷物は一般的に明朝体と呼ばれる字体のものが多く、楷書体とは活字デザイン上若干の違いがあります。検定試験では、画数の変わってしまう書き方は不正解ですが、「つける・はなす」「はねる・とめる」など、解答として許容されるものがあります。これは、「常用漢字表」の「(付)字体についての解説」に取り上げられており、「明朝体の字形と筆写の楷書の字形との間には、いろいろな点で違いがある。それらは、印刷文字と手書き文字におけるそれぞれの習慣の相違に基づく表現の差と見るべきもの」と記されています。

　以下、明朝体と楷書体の差異に関する例の一部を「常用漢字表」から抜粋します。検定試験ではどちらで書いても正解となります。

①長短に関する例
無→無＝無

②方向に関する例
主→主＝主

③つけるか、はなすかに関する例
月→月＝月

④はらうか、とめるかに関する例
骨→骨＝骨

⑤はねるか、とめるかに関する例
糸→糸＝糸

⑥その他
令→令＝令

漢検受検ガイド

●公開会場

検定日　原則として毎年、6月・10月・翌年1月か2月の日曜日の年3回。申しこみ期間は、検定日の約3か月前から約1か月前。

検定会場　全国主要都市および海外主要都市。

申しこみ方法
①インターネットで申しこみ

日本漢字能力検定協会（以下漢検協会）のホームページ（https://www.kanken.or.jp/）にアクセスし、必要事項を入力。クレジットカード決済やコンビニ決済などで検定料を支払います。

②取り扱い書店で申しこみ

取り扱い書店で願書を手に入れ、書店で検定料を支払って書店払込証書を入手します。願書と書店払込証書を漢検協会に送付します。

公開会場での個人受検を申しこむには、他にもコンビニエンスストアや新聞社など取り扱い機関、携帯電話を使う方法があります。

いずれの場合も、検定日の約1週間前に受検票が郵送されてきます。1級・準1級・2級・準2級は受検票に写真をはります。

●検定試験当日に持参するもの

　検定試験当日には、①受検票、②消しゴム、③筆記用具（HB、B、2B のえんぴつ、シャープペンシル）、④本書を必ず持っていきましょう。万年筆やボールペンは不可で、ルーペは持ちこみ可となっています。

●合否の通知

　検定の約 40 日後をめやすに、合格者には合格証書・合格証明書と検定結果通知等が、不合格者には検定結果通知等が郵送されます。

漢検 CBT（コンピューター・ベースド・テスティング）

　漢検 CBT は、コンピューターを使って受検するシステムのことです。合格すると従来の検定試験と同じ資格を取得することができます。漢検 CBT で受検できるのは 2 〜 7 級で、検定料は従来の検定試験と同じ、申しこみはインターネットからのみです。

　通常の（紙での）検定試験とのちがいは、実施回数です。通常の検定試験が年 3 回であるのに対し、漢検 CBT は、試験会場によっては日曜・祝日も含め随時実施しています。

　試験会場は、全国に 150 以上設置されています。また、合否の結果が約 10 日でわかるので非常にスピーディといえます。

※くわしい情報は、漢検協会のホームページをご確認ください。

本書の特長と使い方

特長① よく出る問題だけを収録

　合格に必要な実力養成のために、過去の検定試験の出題データを約10年分独自に分析し、くり返し出題された頻度(ひんど)の高い問題だけを取り上げて編集・構成しました。

　よく出る問題だけに的をしぼって、効率的に学習できます。収録している問題は、いずれもマスターしておきたい問題です。

特長② ３段階の「でる順」で効果的に学習

　本書は、出題データの分析結果にもとづき、よく出題される「でる度」の高い問題から順に３段階で構成しています。「でる度」は、★の数で示してあります。

　出題分野ごとに「でる順」で並んでいますので、最初から学習するほど効果的に実力をつけられます。

でる度
高

★★★　一番よくでるよ!

★★★　これもねらわれる!

★★★　ここまでがんばろう!

特長③　新しい配当漢字や傾向にもしっかり対応

　漢検協会では、2012年度第1回試験より審査基準の変更を行っています。また、新しい小学校学習指導要領の学年別漢字配当表に合わせて出題対象となる一部の漢字について配当級を変更し、2020年度第1回（漢検CBTは2020年4月1日）から新しい配当漢字による検定を行います。本書では、新しい配当漢字に対応しているほか、最新の試験問題を分析し、問題を収録しています。

※漢検協会では、予告なく出題形式や問題数の変更を行う可能性があることを公表していますので、必ずしもこのままの形で出題されるとは限りません。

特長④　辞書いらずのくわしい解説

　問題の右ページには、解答とともにくわしい解説をつけています。漢字や熟語の意味はもちろん、他の出題例など、漢字を覚え、理解するための情報が満載です。

特長⑤　実戦対策ができる「模擬試験」

　検定試験の実戦対策として、巻末付録に模擬試験を収録しています。本番で緊張しないように慣れておきましょう。時間をきちんと計って取り組んでみてください。

特長⑥　巻末付録「漢字資料」

　資料として「5級配当漢字表」「おもな特別な読み、熟字訓・当て字」も巻末に収録しています。学習の確認・整理に活用してください。

●紙面構成

でる度 ━━━

出題頻度の高い問題から順に、★★★ ★★★ ★★★ の3段階で構成しています。

でる度
★★★

読み ❶ 🐻 *

次の――線の漢字の読みをひらがなで書きなさい。

□ 01 樹液に集まる虫を観察する。　（　　　）

□ 02 アヒルが水辺でえさを探している。（　　　）

□ 03 川の流域を景観整備する。　　（　　　）

□ 04 夏休みを利用して郷里を訪ねた。（　　　）

□ 05 山が水面に映っている。　　　（　　　）

□ 06 古くなった建物を改装する。　（　　　）

□ 07 事業の規模を拡大する。　　　（　　　）

□ 08 先生の言葉で生徒が奮起する。（　　　）

□ 09 盛り上がる観客を写真に収める。（　　　）

□ 10 災害救助用ロボットを操作する。（　　　）

14

出題分野名 ━━━

チェックボックス
まちがえた問題に印を付けて復習できます。

合格点

合格ラインは正答
率 70％です。

得点

自分の得点を記入
しましょう。すべ
て1問1点です。

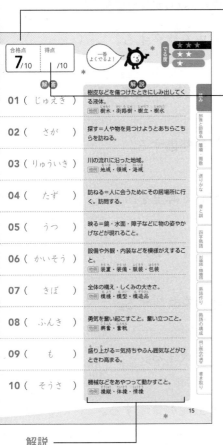

合格点	得点	一番よくでるよ！ でる度 ★★★
7/10	/10	

解答　　　**解説**

01 （ じゅえき ）　樹皮などを傷つけたときにしみ出してくる液体。
他例 樹木・街路樹・樹立・樹氷

02 （ さが ）　探す＝人や物を見つけようとあちらこちらを訪ねる。

03 （ りゅういき ）　川の流れに沿った地域。
他例 地域・領域・海域

04 （ たず ）　訪ねる＝人に会うためにその居場所に行く。訪問する。

05 （ うつ ）　映る＝鏡・水面・障子などに物の姿やかげなどが現れること。

06 （ かいそう ）　設備や外観・内装などを模様がえすること。
他例 装置・装備・服装・包装

07 （ きぼ ）　全体の構え・しくみの大きさ。
他例 模様・模型・構造品

08 （ ふんき ）　勇気を奮い起こすこと。奮い立つこと。
他例 興奮・奮戦

09 （ も ）　盛り上がる＝気持ちやふん囲気などがひときわ高まる。

10 （ そうさ ）　機械などをあやつって動かすこと。
他例 操縦・体操・情操

読み／部首と部首名／筆順　画数／送りがな／音と訓／四字熟語／対義語　類義語／熟語作り／熟語の構成／同じ読みの漢字／書き取り

15

解説

漢字の知識・理解を深められるよう、解説を充実させました。
問題の漢字や熟語の意味、部首名などを解説しています。

他例 過去に出題された同じ漢字の他の問題例や、同じ部首を持
つ出題範囲内の漢字

注意 まちがえやすいポイントなど、問題を解く上での注意点

次の——線の漢字の読みをひらがなで書きなさい。

□ 01 樹液に集まる虫を観察する。 （　　　　）

□ 02 アヒルが水辺でえさを探している。（　　　　）

□ 03 川の流域を景観整備する。 （　　　　）

□ 04 夏休みを利用して郷里を訪ねた。（　　　　）

□ 05 山が水面に映っている。 （　　　　）

□ 06 古くなった建物を改装する。 （　　　　）

□ 07 事業の規模を拡大する。 （　　　　）

□ 08 先生の言葉で生徒が奮起する。 （　　　　）

□ 09 盛り上がる観客を写真に収める。（　　　　）

□ 10 災害救助用ロボットを操作する。（　　　　）

解答 / 解説

01 (じゅえき)

樹皮などを傷つけたときにしみ出してくる液体。
[他例] 樹木・街路樹・樹立・樹氷

02 (さが)

探す＝人や物を見つけようとあちらこちらを訪ねる。

03 (りゅういき)

川の流れに沿った地域。
[他例] 地域・領域・海域

04 (たず)

訪ねる＝人に会うためにその居場所に行く。訪問する。

05 (うつ)

映る＝鏡・水面・障子などに物の姿やかげなどが現れること。

06 (かいそう)

設備や外観・内装などを模様がえすること。
[他例] 装置・装備・服装・包装

07 (きぼ)

全体の構え・しくみの大きさ。
[他例] 模様・模型・模造品

08 (ふんき)

勇気を奮い起こすこと。奮い立つこと。
[他例] 興奮・奮戦

09 (も)

盛り上がる＝気持ちやふん囲気などがひときわ高まる。

10 (そうさ)

機械などをあやつって動かすこと。
[他例] 操縦・体操・情操

次の――線の漢字の読みをひらがなで書きなさい。

□ **01** もぎたての果物を存分に味わう。(　　　)

□ **02** 参加を求める声に我先に応じる。(　　　)

□ **03** この絵は博物館が所蔵している。(　　　)

□ **04** こどもが障子に穴を開けた。　(　　　)

□ **05** 太陽系の成り立ちを授業で学ぶ。(　　　)

□ **06** 川原で夕暮れの空をながめる。　(　　　)

□ **07** 海岸線に沿って旅をする。　　　(　　　)

□ **08** 乱れた規律を正すため指導する。(　　　)

□ **09** 経済動向の推移に注目する。　　(　　　)

□ **10** 姿見で服装をチェックする。　　(　　　)

一番
よくでるよ！

でる度 ★★★ ★★ ★

読み

部首と部首名

筆順・画数

送りがな

音と訓

四字熟語

対義語・類義語

熟語作り

熟語の構成

同じ読みの漢字

書き取り

解答

01 (ぞんぶん)

02 (われさき)

03 (しょぞう)

04 (しょうじ)

05 (たいようけい)

06 (ぐ)

07 (そ)

08 (きりつ)

09 (すいい)

10 (すがたみ)

解説

十分。満足のゆくまですること。
他例 保存・存続・存在

我先に＝先を争って。

しまって持っていること。
他例 地蔵・内蔵・貯蔵・冷蔵

木のわくに縦横のさんをつけ、紙をはった戸。
他例 故障・支障・保障

太陽を中心に運行する天体の集団。
他例 系統図

夕暮れ＝日が暮れるころ。たそがれ。

沿う＝基準になるものからはなれない状態を保つ。

集団の中での行いの決まり。
他例 法律・調律・一律

物事の様子がうつり変わること。
他例 推定・推測・推進・推理

体全体を映して見ることができる鏡。

次の——線の漢字の読みをひらがなで書きなさい。

□ 01 合奏コンクールに出場する。 （　　　　）

□ 02 パーティーに奮って参加する。 （　　　　）

□ 03 来季を見すえ戦力を補強する。 （　　　　）

□ 04 祖父の遺品を整理する。 （　　　　）

□ 05 平安時代の絵巻物が発見された。（　　　　）

□ 06 幼い弟の世話をする。 （　　　　）

□ 07 卒業制作の展覧会に人が集まる。（　　　　）

□ 08 著名な作家がテレビに出る。 （　　　　）

□ 09 国が軍備を拡張する。 （　　　　）

□ 10 湖が朝焼けに染まる。 （　　　　）

合格点	得点
7/10	/10

一番
よくでるよ！

でる度 ★★★

解答 / 解説

01 (がっそう)

二つ以上の楽器で、一つの曲をいっしょに演奏すること。
他例 演奏・独奏

02 (ふる)

奮って＝積極的に。進んで。

03 (ほきょう)

弱い部分や足りないところを補って強くすること。
他例 補修・立候補・補欠

04 (いひん)

死んだ人が、後の人に残した品物。形見。
他例 遺産・遺志・遺伝・遺作

05 (えまきもの)

物語などを、続き物の絵や説明の言葉でかきあらわしてある巻物。

06 (おさな)

幼い＝年がゆかない。幼少であること。

07 (てんらんかい)

芸術作品などを並べて、多くの人に見せる会。
他例 展望台・展開図・展示・発展

08 (ちょめい)

名高いこと。有名なこと。
他例 著者

09 (かくちょう)

規模などを大きく広げること。
他例 拡大・拡散

10 (そ)

染まる＝光のぐあいなどで、あたりの色が変わる。

読み | 部首と部首名 | 筆順・画数 | 送りがな | 音と訓 | 四字熟語 | 対義語・類義語 | 熟語作り | 熟語の構成 | 同じ読みの漢字 | 書き取り

19

次の——線の漢字の読みをひらがなで書きなさい。

□ 01 遊覧船で湖をめぐる。 　　　　　（　　　　　）

□ 02 神秘的な光景を前に息をのむ。 （　　　　　）

□ 03 外出中に急に雨が降る。 　　　　（　　　　　）

□ 04 映画の感想を簡潔に述べる。 　（　　　　　）

□ 05 今まさに時は刻まれている。 　（　　　　　）

□ 06 資源を有効に利用する。 　　　　（　　　　　）

□ 07 台風で木々が激しくゆれる。 　（　　　　　）

□ 08 穀物を外国から輸入する。 　　（　　　　　）

□ 09 待望の合格通知が家に届いた。（　　　　　）

□ 10 問題についてクラスで討論する。（　　　　　）

* *

解答 / **解説**

01 (ゆうらん)

遊覧船＝見物のため、名所などを案内して回る船。
他例 回覧・展覧会・観覧車

02 (しんぴてき)

人の知能では理解できないような不思議なさま。
他例 秘境・秘密・秘宝・秘蔵

03 (ふ)

降る＝雨や雪が空から落ちてくる。

04 (かんけつ)

短くよくまとまっていること。
他例 簡単・簡易

05 (きざ)

時を刻む＝時間が刻々と進むこと。

06 (しげん)

物をつくるもとになるもの。産業の原材料となる自然のもの。
他例 起源・電源・源泉・源流

07 (はげ)

激しい＝勢いが非常に強い。程度などがはなはだしい。

08 (こくもつ)

人間が主食としている米・麦・アワ・キビ・豆などの作物。

09 (とど)

届く＝送った物が目的の所に着く。

10 (とうろん)

たがいに考えを出し合って話し合うこと。
他例 結論・理論・議論・異論

読み

部首と部首名

筆順・画数

送りがな

音と訓

四字熟語

対義語・類義語

熟語作り

熟語の構成

同じ読みの漢字

書き取り

次の──線の漢字の読みをひらがなで書きなさい。

□ 01 探査衛星を無事打ち上げた。 （　　　　）

□ 02 幼少期の純真な思いを忘れない。（　　　　）

□ 03 季節の変わり目で古傷が痛む。 （　　　　）

□ 04 優勝の喜びを仲間と分かち合う。（　　　　）

□ 05 出窓から日の光が差しこむ。 （　　　　）

□ 06 お城の天守閣を修理する。 （　　　　）

□ 07 この建物は歴史的に貴重だ。 （　　　　）

□ 08 部下の失言を厳しく注意する。 （　　　　）

□ 09 増税により生活への負担が増す。（　　　　）

□ 10 上司への提案が認められる。 （　　　　）

解答

解説

01 (たんさ)

探り調べること。
他例 探検・探訪

02 (じゅんしん)

心にけがれがないこと。
他例 純白・純毛・純金

03 (いた)

痛む＝病気やけがなどで、その部分に苦痛がある。

04 (ゆうしょう)

第一位で勝つこと。
他例 優先・優待・優位

05 (でまど)

かべから外側へつき出ている窓。張り出し窓。

06 (てんしゅかく)

日本の城にある、一番高い建物で、外の様子を見るための物見やぐら。
他例 内閣・閣議・仏閣

07 (きちょう)

価値が高くとても大切であること。

08 (きび)

厳しい＝厳格で容しゃのないさま。物事の程度がはなはだしいさま。

09 (ふたん)

務めや仕事を引き受けること。
他例 分担・担任・担当

10 (みと)

認める＝他人の意見・申し出などを正しいとして受け入れる。

読み

部首と部首名

筆順・画数

送りがな

音と訓

四字熟語

対義語・類義語

熟語作り

熟語の構成

同じ読みの漢字

書き取り

次の漢字の部首と部首名を下の□の中から選び、記号で答えなさい。

□ 01 盟 〔　　　〕（　　　）

□ 02 署 〔　　　〕（　　　）

□ 03 困 〔　　　〕（　　　）

□ 04 創 〔　　　〕（　　　）

□ 05 層 〔　　　〕（　　　）

□ 06 熟 〔　　　〕（　　　）

□ 07 蒸 〔　　　〕（　　　）

□ 08 座 〔　　　〕（　　　）

| あ 木　い 尸　う 罒　え 子　お 皿　か 冖　き 艹 |
| く 耂　け 口　こ 广　さ り　し 土　す 日　せ 灬 |

| ア まだれ　イ さら　ウ おいかんむり・おいがしら　エ き |
| オ かばね・しかばね　カ ひへん　キ ひとやね　ク つち |
| ケ あみがしら・あみめ・よこめ　コ れんが・れっか |
| サ こ　シ くにがまえ　ス くさかんむり　セ りっとう |

合格点	得点
6/8	/8

一番よくでるよ！

てる度 ★★★ ★★ ★

解答

01 〔お〕皿
(イ) さら

02 〔う〕罒
(ケ) あみがしら・あみめ・よこめ

03 〔け〕囗
(シ) くにがまえ

04 〔さ〕刂
(セ) りっとう

05 〔い〕尸
(オ) かばね・しかばね

06 〔せ〕灬
(コ) れんが・れっか

07 〔き〕艹
(ス) くさかんむり

08 〔こ〕广
(ア) まだれ

解説

01 [他例] 出題はんいでは、盟・盛・益・皿のみ。

02 [他例] 出題はんいでは、署・罪・置のみ。

03 [他例] 団・因・固・囲・図
[注意] 木（き）ではない。

04 [他例] 劇・割・刻・判・則

05 [他例] 届・展・尺・属・居

06 [他例] 無・熱・然・照・点

07 [他例] 著・蔵・若・菜・芸
[注意] 灬（れんが・れっか）ではない。

08 [他例] 序・府・底・康・度

読み

部首と部首名

筆順・画数

送りがな

音と訓

四字熟語

対義語・類義語

熟語作り

熟語の構成

同じ読みの漢字

書き取り

よく考えてみよう！

25

次の漢字の部首と部首名を下の□の中から選び、
記号で答えなさい。

□ 01 閣 〔 　　　 〕（ 部首 　　　 ）（ 部首名 　　　 ）

□ 02 憲 〔 　　　 〕（ 　　　 ）

□ 03 裁 〔 　　　 〕（ 　　　 ）

□ 04 庁 〔 　　　 〕（ 　　　 ）

□ 05 窓 〔 　　　 〕（ 　　　 ）

□ 06 簡 〔 　　　 〕（ 　　　 ）

□ 07 盛 〔 　　　 〕（ 　　　 ）

□ 08 郷 〔 　　　 〕（ 　　　 ）

| あ 衣 | い 阝 | う ム | え 皿 | お ⺮ | か 心 | き 宀 |
| く 門 | け 日 | こ 戈 | さ 亅 | し 穴 | す 广 | せ ⼡ |

ア たけかんむり　**イ** ほこづくり・ほこがまえ　**ウ** さら
エ ころも　**オ** うかんむり　**カ** あなかんむり　**キ** む
ク おおざと　**ケ** よう・いとがしら　**コ** はねぼう
サ もんがまえ　**シ** まだれ　**ス** こころ　**セ** ひ

26

解答 / 解説

01 〔く〕門
（サ）もんがまえ

[他例] 閉・関・開・間

02 〔か〕心
（ス）こころ

[他例] 忘・忠・応・態・志
[注意] 宀（うかんむり）ではない。

03 〔あ〕衣
（エ）ころも

[他例] 裏・装・製・衣・表
[注意] 戈（ほこづくり／ほこがまえ）ではない。

04 〔す〕广
（シ）まだれ

[他例] 庭・庫・店・広

05 〔し〕穴
（カ）あなかんむり

[他例] 出題はんいでは、窓・究・空のみ。

06 〔お〕竹
（ア）たけかんむり

[他例] 筋・策・築・節・笑

07 〔え〕皿
（ウ）さら

[他例] 出題はんいでは、盛・盟・益・皿のみ。

08 〔い〕阝
（ク）おおざと

[他例] 郵・郡・都・部

読み

部首と部首名

筆順・画数

送りがな

音と訓

四字熟語

対義語・類義語

熟語作り

熟語の構成

同じ読みの漢字

書き取り

よく考えてみよう！

次の漢字の赤い画のところは筆順の何画目か、
また総画数は何画か、算用数字 (1・2…) で答えなさい。

□01 我 （ 何画目 ）〔 総画数 〕

□02 将 （ ）〔 〕

□03 脳 （ ）〔 〕

□04 染 （ ）〔 〕

□05 俳 （ ）〔 〕

□06 閣 （ ）〔 〕

□07 陛 （ ）〔 〕

□08 善 （ ）〔 〕

□09 郵 （ ）〔 〕

□10 否 （ ）〔 〕

解答

解説

01 (6) 〔 7 〕

横のつらぬきの次は左の縦画を書く。

丿 一 二 千 手 我 我
1 2 3 4 5 6 7

02 (1) 〔 10 〕

丬は縦画が1画目。

丨 丬 丬 丬 丬 丬 丬 将
1 3 4 5 6 8 10

03 (8) 〔 11 〕

凶の囲みは最後に書く。

月 月 肝 胪 朏 脳 脳 脳
4 5 6 7 8 9 10 11

04 (5) 〔 9 〕

九は左のはらいを先に書く。

丶 丶 汋 汋 汋 染 染 染
1 2 3 4 5 6 7 9

05 (7) 〔 10 〕

非の筆順に注意。

丿 彳 彳 彳 彳 俳 俳 俳
1 3 4 5 6 7 8 10

06 (1) 〔 14 〕

門の筆順に注意。

丨 丬 丬 丬 門 門 閂 閣
1 2 3 5 6 9 10 14

07 (6) 〔 10 〕

阝は3画で書く。

丶 阝 阝 阫 阫 陛 陛 陛
1 3 4 5 6 7 9 10

08 (9) 〔 12 〕

横に3本書いて、つらぬく縦画を書く。

丶 丷 兰 羊 羊 羔 羔 善
1 3 5 6 7 8 9 12

09 (7) 〔 11 〕

左側は垂と同様、土を後に書く。

二 壬 壬 垂 垂 垂 郵 郵
3 4 5 6 7 9 10 11

10 (3) 〔 7 〕

不は横線・左・中・右の順で書く。

一 丆 才 不 不 否 否
1 2 3 4 5 6 7

次の漢字の赤い画のところは筆順の何画目か、
また総画数は何画か、算用数字（1・2…）で答えなさい。

□01 若 （ 何画目 ） 〔 総画数 〕

□02 骨 （ ） 〔 〕

□03 冊 （ ） 〔 〕

□04 推 （ ） 〔 〕

□05 蒸 （ ） 〔 〕

□06 郷 （ ） 〔 〕

□07 誕 （ ） 〔 〕

□08 蔵 （ ） 〔 〕

□09 純 （ ） 〔 〕

□10 訪 （ ） 〔 〕

一番よくでるよ！

でる度 ★★★ / ★★ / ★

解答

解説

01 （ 5 ）〔 8 〕

何画目 / 総画数

左のはらいが4画目で次に横画へ。

一 十 艹 サ 艻 若 若 若
1　2　3　4　5　6　7　8

02 （ 6 ）〔 10 〕

3画目は縦画。上部は6画で書く。

丨 冂 冃 冎 骨 骨 骨
1　2　3　4　5　6　7　10

03 （ 3 ）〔 5 〕

最後につらぬく横画を書く。

丿 冂 冊 冊 冊
1　2　3　4　5

04 （ 7 ）〔 11 〕

隹は縦画を書いてから横画を書く。

一 扌 扩 扩 扩 拂 推 推
1　4　5　6　7　8　11

05 （ 9 ）〔 13 〕

まん中の了は2画で書く。

艹 艹 芽 芽 茏 菥 菥 蒸
4　5　6　7　8　9　10　13

06 （ 3 ）〔 11 〕

彡も阝も3画で書く。

乡 乡 乡 纟 绐 绐 鄉 鄉
1　2　3　4　7　9　10　11

07 （ 9 ）〔 15 〕

廴は最後に書く。

訁 訂 訐 訐 証 証 誕
8　9　10　11　12　13　14　15

08 （ 13 ）〔 15 〕

最後はそり、左はらい、点の順。

产 产 产 芦 芦 蔵 蔵 蔵
4　5　6　7　8　13　14　15

09 （ 8 ）〔 10 〕

最後にしを書く。

乡 乡 糸 糸 紅 紅 紅 純
1　2　4　5　7　8　9　10

10 （ 10 ）〔 11 〕

方の3画目と4画目の筆順に注意。

丶 言 言 訂 訪 訪
1　2　5　7　8　9　10　11

読み

部首と部首名

筆順・画数

送りがな

音と訓

四字熟語

対義語・類義語

熟語作り

熟語の構成

同じ読みの漢字

書き取り

31

次の——線のカタカナの部分を漢字一字と
送りがな（ひらがな）になおしなさい。

□ 01 オサナイころの写真を見る。　　（　　　　）

□ 02 この川で泳ぐのはアブナイ。　　（　　　　）

□ 03 家に教科書をワスレル。　　　　（　　　　）

□ 04 生活のリズムがミダレル。　　　（　　　　）

□ 05 ステル神あれば拾う神あり。　　（　　　　）

□ 06 特訓で練習不足をオギナウ。　　（　　　　）

□ 07 ムズカシイ課題を解決する。　　（　　　　）

□ 08 今年の冬は寒さがキビシイ。　　（　　　　）

□ 09 先生の指示にシタガウ。　　　　（　　　　）

□ 10 運動場の小石を取りノゾク。　　（　　　　）

一番
よくでるよ！

でる度 ★★★
★★
★

読み

部首と部首名

筆順・画数

送りがな

音と訓

四字熟語

対義語・類義語

熟語作り

熟語の構成

同じ読みの漢字

書き取り

解答

解説

01 (幼い)　　年がゆかない。幼少であること。

02 (危ない)　　危険である。危害を受けそうである。

03 (忘れる)　　うっかりして置いてくる。

04 (乱れる)　　決まりがなくなる。整った状態が失われる。乱雑になる。

05 (捨てる)　　捨てる神あれば拾う神あり＝見捨てる人もいる一方、救ってくれる人もいる。世間は広いのでくよくよするなということ。

06 (補う)　　不足していたり、欠けたりしている部分を付け足すこと。

07 (難しい)　　わかりにくい。理解するのが困難だ。

08 (厳しい)　　厳格で容しゃのないさま。物事の程度がはなはだしいさま。

09 (従う)　　逆らわずにその通りにする。服従する。

10 (除く)　　いらない物を取り去る。のける。除去する。

次の――線のカタカナの部分を漢字一字と
送りがな（ひらがな）になおしなさい。

□ **01** 水がぬるんで氷が<u>ワレル</u>。 　　（　　　）

□ **02** 朝は必ず顔を<u>アラウ</u>。 　　（　　　）

□ **03** 秋は日が<u>クレル</u>のが早い。 　　（　　　）

□ **04** 台風のため風雨が<u>ハゲシイ</u>。 　　（　　　）

□ **05** 本を作家ごとに<u>ナラベル</u>。 　　（　　　）

□ **06** 誕生日にプレゼントを<u>トドケル</u>。（　　　）

□ **07** 伝統を守り、祖先を<u>ウヤマウ</u>。 （　　　）

□ **08** 事故現場に花を<u>ソナエル</u>。 　　（　　　）

□ **09** 母が台所でキャベツを<u>キザム</u>。 （　　　）

□ **10** 薬の効果を<u>ウタガウ</u>。 　　（　　　）

解答

解説

読み

部首と部首名

筆順・画数

送りがな

音と訓

四字熟語

対義語・類義語

熟語作り

熟語の構成

同じ読みの漢字

書き取り

01 (割れる)

くだける。こわれる。

02 (洗う)

よごれたものを水・薬品などですすいできれいにすること。

03 (暮れる)

太陽がしずんで暗くなる。

04 (激しい)

勢いが非常に強い。程度などがはなはだしい。

05 (並べる)

そろえる。ならばせる。配列する。

06 (届ける)

物を運んで先方にわたす。配達する。

07 (敬う)

相手を尊んで礼をつくす。尊敬する。

08 (供える)

神仏などの前に物をささげる。

09 (刻む)

細かく切る。

10 (疑う)

あやしいと思う。どうだろうかと不安に思う。

*

漢字の読みには音と訓がある。次の熟語の読みは
□の中のどの組み合わせか、記号で答えなさい。

| ア 音と音　イ 音と訓　ウ 訓と訓　エ 訓と音 |

□ 01 節穴 （　　　）

□ 02 温泉 （　　　）

□ 03 裏作 （　　　）

□ 04 憲法 （　　　）

□ 05 派手 （　　　）

□ 06 灰皿 （　　　）

□ 07 砂地 （　　　）

□ 08 番組 （　　　）

□ 09 若気 （　　　）

□ 10 筋道 （　　　）

合格点	得点
7/10	/10

一番
よくでるよ！

でる度 ★★★ ★★ ★

よく考えて
みよう！

読み
部首と部首名
筆順・画数
送りがな
音と訓
四字熟語
対義語・類義語
熟語作り
熟語の構成
同じ読みの漢字
書き取り

解答　　　　　**解説**

01 （　ウ　）　ふし訓＋あな訓　他例 毛穴けあな

02 （　ア　）　オン音＋セン音

03 （　エ　）　うら訓＋サク音　他例 裏門うらモン

04 （　ア　）　ケン音＋ボウ音

05 （　イ　）　ハ音＋で訓

06 （　ウ　）　はい訓＋ざら訓

07 （　エ　）　すな訓＋チ（ジ）音

08 （　イ　）　バン音＋ぐみ訓

09 （　エ　）　わか訓＋ゲ（ギ）音

10 （　ウ　）　すじ訓＋みち訓　他例 筋金すじがね

漢字の読みには音と訓がある。次の熟語の読みは □ の中のどの組み合わせか、記号で答えなさい。

| ア 音と音　イ 音と訓　ウ 訓と訓　エ 訓と音 |

□ 01 批評 （　　　）

□ 02 係員 （　　　）

□ 03 試合 （　　　）

□ 04 宗教 （　　　）

□ 05 傷口 （　　　）

□ 06 団子 （　　　）

□ 07 看護 （　　　）

□ 08 片道 （　　　）

□ 09 夕刊 （　　　）

□ 10 砂場 （　　　）

合格点	得点
7/10	/10

一番
よくでるよ！

でる度 ★★★
★★
★

よく考えて
みよう！

読み

部首と部首名

筆順・画数

送りがな

音と訓

四字熟語

対義語・類義語

熟語作り

熟語の構成

同じ読みの漢字

書き取り

解答	解説
01 （ ア ）	ヒ音＋ヒョウ音　他例 批判
02 （ エ ）	かかり訓＋イン音　他例 係長（かかりチョウ）
03 （ イ ）	シ音＋あい訓
04 （ ア ）	シュウ音＋キョウ音
05 （ ウ ）	きず訓＋ぐち訓
06 （ イ ）	ダン音＋ご訓
07 （ ア ）	カン音＋ゴ音　他例 看板（カンバン）・警護（ケイゴ）
08 （ ウ ）	かた訓＋みち訓　他例 片側（かたがわ）
09 （ エ ）	ゆう訓＋カン音
10 （ ウ ）	すな訓＋ば訓　他例 砂山（すなやま）

漢字の読みには音と訓がある。次の熟語の読みは
□の中のどの組み合わせか、記号で答えなさい。

| ア 音と音　イ 音と訓　ウ 訓と訓　エ 訓と音 |

□ 01 道順 （　　）

□ 02 沿岸 （　　）

□ 03 口紅 （　　）

□ 04 遺産 （　　）

□ 05 役割 （　　）

□ 06 若者 （　　）

□ 07 場所 （　　）

□ 08 創造 （　　）

□ 09 巻物 （　　）

□ 10 重箱 （　　）

よく考えて
みよう！

読み

部首と部首名

筆順・画数

送りがな

音と訓

四字熟語

対義語・類義語

熟語作り

熟語の構成

同じ読みの漢字

書き取り

	解答	**解説**
01	（ エ ）	みち訓＋ジュン音　他例 手順
02	（ ア ）	エン音＋ガン音　他例 沿線
03	（ ウ ）	くち訓＋べに訓
04	（ ア ）	イ音＋サン音　他例 遺伝
05	（ イ ）	ヤク音＋わり訓
06	（ ウ ）	わか訓＋もの訓
07	（ エ ）	ば訓＋ショ音　他例 関所
08	（ ア ）	ソウ音＋ゾウ音
09	（ ウ ）	まき訓＋もの訓　他例 着物
10	（ イ ）	ジュウ音＋ばこ訓　他例 本箱

漢字の読みには音と訓がある。次の熟語の読みは
□ の中のどの組み合わせか、記号で答えなさい。

ア 音と音　イ 音と訓　ウ 訓と訓　エ 訓と音

□ 01 貯蔵 （　　　）

□ 02 生傷 （　　　）

□ 03 札束 （　　　）

□ 04 裏地 （　　　）

□ 05 磁石 （　　　）

□ 06 窓口 （　　　）

□ 07 手帳 （　　　）

□ 08 格安 （　　　）

□ 09 官庁 （　　　）

□ 10 針箱 （　　　）

合格点	得点
7/10	/10

一番
よくでるよ！

よく考えて
みよう！

読み

部首と部首名

筆順・画数

送りがな

音と訓

四字熟語

対義語・類義語

熟語作り

熟語の構成

同じ読みの漢字

書き取り

解答　　　　　**解説**

01 （　ア　）　チョ音＋ゾウ音

02 （　ウ　）　なま訓＋きず訓　他例　生卵・古傷

03 （　イ　）　サツ音＋たば訓

04 （　エ　）　うら訓＋ジ音　他例　布地

05 （　ア　）　ジ音＋シャク音

06 （　ウ　）　まど訓＋ぐち訓

07 （　エ　）　て訓＋チョウ音　他例　手製・手配・手順

08 （　イ　）　カク音＋やす訓

09 （　ア　）　カン音＋チョウ音

10 （　ウ　）　はり訓＋ばこ訓　他例　針金

43

次の( )のカタカナを漢字になおし、一字だけ書きなさい。

□01 学習意（ ヨク ）

□02 （ カブ ）式会社

□03 基本方（ シン ）

□04 家庭（ ホウ ）問

□05 酸素（ キュウ ）入

□06 負（ タン ）軽減

□07 （ ショ ）名運動

□08 平和（ セン ）言

□09 一心不（ ラン ）

□10 （ ウ ）宙旅行

解答

解説

01 学習意(欲)
積極的に勉強しようという気持ち。

02 (株)式会社
株式を発行して設立した会社。

03 基本方(針)
よりどころとなる大筋の方向。

04 家庭(訪)問
先生が児童・生徒の家を訪ねること。

05 酸素(吸)入
酸素を口から吸いこませること。

06 負(担)軽減
仕事や義務を減らして軽くすること。

07 (署)名運動
賛同する人の署名を集める運動。

08 平和(宣)言
平和への願いを人々に向かってはっきり表明すること。

09 一心不(乱)
物事に集中していること。

10 (宇)宙旅行
宇宙を旅すること。
[他例]「宙」が出題されることもある。

読み

部首と部首名

筆順・画数

送りがな

音と訓

四字熟語

対義語・類義語

熟語作り

熟語の構成

同じ読みの漢字

書き取り

次の( )のカタカナを漢字になおし、一字だけ書きなさい。

□ 01 高(ソウ)建築

□ 02 永久(ジ)石

□ 03 器楽合(ソウ)

□ 04 複雑(コッ)折

□ 05 (ゾウ)器移植

□ 06 実力発(キ)

□ 07 予防注(シャ)

□ 08 (エン)岸漁業

□ 09 文化(イ)産

□ 10 (カク)張工事

合格点	得点
7/10	/10

一番よくでるよ！

でる度 ★★★ ★★ ★

解答

解説

01 高(層)建築
非常に高い建築物。

02 永久(磁)石
磁力を長い間保ち続ける磁石。

03 器楽合(奏)
二つ以上の楽器によってかなでられる音楽。

04 複雑(骨)折
骨折により骨が皮ふの外につき出た状態になること。

05 (臓)器移植
臓器を他人の体に移すこと。

06 実力発(揮)
持っている力を十分に出すこと。

07 予防注(射)
病気予防のためのワクチンの注射。

08 (沿)岸漁業
陸地に近い海で行われる漁業。

09 文化(遺)産
前代から伝わり、将来に受けつぐべき文化や文化財。

10 (拡)張工事
道路などを広げるための工事。

読み / 部首と部首名 / 筆順・画数 / 送りがな / 音と訓 / 四字熟語 / 対義語・類義語 / 熟語作り / 熟語の構成 / 同じ読みの漢字 / 書き取り

47

次の（　）のカタカナを漢字になおし、一字だけ書きなさい。

□ 01　技術（ カク ）新

□ 02　半信半（ ギ ）

□ 03　（ スイ ）理小説

□ 04　天然資（ ゲン ）

□ 05　人口（ ミツ ）度

□ 06　針小（ ボウ ）大

□ 07　賛否両（ ロン ）

□ 08　（ キョウ ）土芸能

□ 09　（ リン ）機応変

□ 10　（ セン ）門学校

一番
よくでるよ！

てる度
★★★
★★
★

解答

解説

01 技術(**革**)新
ぎ じゅつ かく しん

非常に新しい技術を生み出すこと。

02 半信半(**疑**)
はんしんはん ぎ

半ば信じ、半ば疑うこと。

03 (**推**)理小説
すい り しょうせつ

犯罪に関するなぞを解く小説。

04 天然資(**源**)
てんねんし げん

自然界にある、人間が利用可能な資源。

05 人口(**密**)度
じんこう みつ ど

ある地域の人口のこみ具合。

06 針小(**棒**)大
しんしょう ぼう だい

小さなことを大げさに言うこと。
[他例]「針」が出題されることもある。

07 賛否両(**論**)
さん ぴ りょう ろん

賛成と反対の両方の意見。
[他例]「否」が出題されることもある。

08 (**郷**)土芸能
きょう ど げいのう

地方の民間に伝わる演芸・ごらく。

09 (**臨**)機応変
りん き おうへん

変化に応じて適切に対処すること。

10 (**専**)門学校
せん もんがっこう

一つのことを専門に学ぶ学校。

読み

部首と部首名

筆順・画数

送りがな

音と訓

四字熟語

対義語・類義語

熟語作り

熟語の構成

同じ読みの漢字

書き取り

次の( )のカタカナを漢字になおし、一字だけ書きなさい。

□ 01 天地（ソウ）造

□ 02 四（シャ）五入

□ 03 生（ゾン）競争

□ 04 （カタ）側通行

□ 05 大同小（イ）

□ 06 単（ジュン）明快

□ 07 公（シュウ）道徳

□ 08 速達（ユウ）便

□ 09 社会保（ショウ）

□ 10 明（ロウ）快活

解答 / 解説

読み

部首と部首名

筆順・画数

送りがな

音と訓

四字熟語

対義語・類義語

熟語作り

熟語の構成

同じ読みの漢字

書き取り

01 天地（創）造

何もないところから神が世界をつくり出したこと。

02 四（捨）五入

計算で求めるけたの下のけた数を、四以下は切り捨て、五以上は切り上げること。

03 生（存）競争

生き残るために起こる争い。

04 （片）側通行

道路の一方の側だけが通れること。

05 大同小（異）

大して差がないこと。

06 単（純）明快

簡単で筋道が通っていてわかりやすい。

07 公（衆）道徳

社会生活を営む上で一人一人が守るべき道徳。

08 速達（郵）便

別料金をとって、いっぱんの郵便物より早く配達する郵便物。

09 社会保（障）

国が国民の最低限の生活を守る制度。

10 明（朗）快活

明るく元気があること。

右の □ の中のひらがなを一度だけ使って漢字に
なおし一字記入して対義語・類義語を作りなさい。

対義語

□ 01 拡大 ― （　　　）小

□ 02 公開 ― 秘（　　　）

□ 03 定例 ― （　　　）時

□ 04 寒冷 ― 温（　　　）

□ 05 往復 ― （　　　）道

類義語

□ 06 有名 ― （　　　）名

□ 07 向上 ― 発（　　　）

□ 08 苦言 ― （　　　）告

□ 09 反対 ― （　　　）議

□ 10 直前 ― （　　　）前

い
かた
しゅく
すん
だん
ちゅう
ちょ
てん
みつ
りん

解答	解説

01 （ 縮 ）小
しゅく しょう

拡大＝大きく広げること。
縮小＝縮めて小さくすること。

02 秘（ 密 ）
ひ みつ

公開＝だれにでも見せたり聞かせたりすること。
秘密＝ほかの人に知らせないこと。

03 （ 臨 ）時
りん じ

定例＝定期的に行われること。
臨時＝その時だけの特別なこと。
[他例] 通常―臨時

04 温（ 暖 ）
おん だん

寒冷＝気温が低く冷たいこと。
温暖＝気候が暖かく、おだやかなこと。

05 （ 片 ）道
かた みち

往復＝行きと帰り。
片道＝行きか帰りかどちらか一方。

06 （ 著 ）名
ちょ めい

有名＝名高いこと。世の中に名が知られていること。
著名＝名高いこと。有名なこと。

07 発（ 展 ）
はっ てん

向上＝よい方に向かって進むこと。
発展＝勢いや力がさかんになること。
[他例] 進歩―発展

08 （ 忠 ）告
ちゅう こく

苦言＝耳が痛いが、ためになる言葉。
忠告＝悪い点を言って改めさせること。
[他例] 助言―忠告　警告―忠告

09 （ 異 ）議
い ぎ

反対＝ある考えに逆らうこと。
異議＝ちがった考えや意見。
[他例] 不服―異議

10 （ 寸 ）前
すん ぜん

直前＝物事が起こるすぐ前。
寸前＝ほんの少し前。

読み

部首と部首名

筆順・画数

送りがな

音と訓

四字熟語

対義語・類義語

熟語作り

熟語の構成

同じ読みの漢字

書き取り

右の□の中のひらがなを一度だけ使って漢字に
なおし一字記入して対義語・類義語を作りなさい。

対義語

□01 義務 ―（　　）利

□02 水平 ―（　　）直

□03 生存 ― 死（　　）

□04 地味 ―（　　）手

□05 実物 ―（　　）型

類義語

□06 広告 ―（　　）伝

□07 真心 ―（　　）意

□08 快活 ― 明（　　）

□09 始末 ―（　　）理

□10 地区 ― 地（　　）

いき
けん
しょ
すい
せい
せん
は
ぼう
も
ろう

合格点	得点
7/10	/10

一番
よくでるよ！

でる度 ★★★
★★
★

読み

部首と部首名

筆順・画数

送りがな

音と訓

四字熟語

対義語・類義語

熟語作り

熟語の構成

同じ読みの漢字

書き取り

解答

解説

01 （ 権 ）利

義務＝必ずやらなければならない務め。
権利＝物事を自分の意志で自由に行うことのできる資格。

02 （ 垂 ）直

水平＝地球の重力の方向に対して直角の方向。
垂直＝水平面に直角の方向であること。

03 死（ 亡 ）

生存＝生き残っていること。
死亡＝死ぬこと。
他例 誕生―死亡　出生―死亡

04 （ 派 ）手

地味＝かざらず目立たないこと。
派手＝はなやかで目立つこと。

05 （ 模 ）型

実物＝本物。
模型＝本物をかたどってつくったもの。

06 （ 宣 ）伝

広告＝たくさんの人に知らせること。
宣伝＝意見などをたくさんの人に広め、理解させること。

07 （ 誠 ）意

真心＝いつわりのない本当の気持ち。
誠意＝心をこめてまじめに物事を行う気持ち。

08 明（ 朗 ）

快活＝気持ちが明るく元気なこと。
明朗＝明るくほがらかな様子。

09 （ 処 ）理

始末＝片付ける。しめくくる。
処理＝片付ける。始末する。

10 地（ 域 ）

地区＝広い地域の一区切り。
地域＝ある広さの区切られた土地。

右の□の中のひらがなを一度だけ使って漢字になおし一字記入して対義語・類義語を作りなさい。

対義語

□ 01 複雑 ― 単（　　）

□ 02 過去 ― （　　）来

□ 03 冷静 ― 興（　　）

□ 04 外出 ― 帰（　　）

□ 05 応答 ― 質（　　）

□
ぎ
じゅん
しょう
たく
だん
ちん
はい
ふん
まく
ゆう
□

類義語

□ 06 方法 ― 手（　　）

□ 07 役者 ― 俳（　　）

□ 08 給料 ― （　　）金

□ 09 後方 ― （　　）後

□ 10 開演 ― 開（　　）

一番
よくでるよ!

でる度 ★★★
★★
★

解答 / 解説

01 単（純）

複雑＝こみいっている様子。
単純＝こみいっていない様子。

02 （将）来

過去＝過ぎ去った時。昔。
将来＝これから先。行く末。未来。

03 興（奮）

冷静＝落ち着いていること。
興奮＝気持ちが高ぶること。

04 帰（宅）

外出＝外に出かけること。
帰宅＝自宅に帰ること。

05 質（疑）

応答＝受け答えすること。
質疑＝わからないことなどを人に聞くこと。

06 手（段）

方法＝目的をとげるための手だて。
手段＝やり方。方法。
他例 方策―手段

07 俳（優）

役者＝演劇などを演じる人。
俳優＝劇・映画などで演技を仕事とする人。

08 （賃）金

給料＝働いている人にしはらわれるお金。
賃金＝働いた代わりに受け取るお金。

09 （背）後

後方＝後ろ。
背後＝後ろ。背の方。

10 開（幕）

開演＝しばいや演芸などが始まること。
開幕＝幕が開いて劇などが始まること。

読み

部首と部首名

筆順・画数

送りがな

音と訓

四字熟語

対義語・類義語

熟語作り

熟語の構成

同じ読みの漢字

書き取り

それぞれ下の□の中から漢字を選び、次の意味に
あてはまる熟語を作り、記号で答えなさい。

□ 01 大きく広げること。　　　　　　（　・　）

□ 02 そうではないと打ち消すこと。　（　・　）

□ 03 真心がこもっていてまじめなこと。（　・　）

□ 04 責任や仕事を引き受けること。　（　・　）

□ 05 団体などに仲間入りすること。　（　・　）

ア 定	イ 担	ウ 書	エ 否	オ 誠	カ 拡
キ 読	ク 実	ケ 張	コ 加	サ 負	シ 盟

□ 06 短くよくまとまっていること。　（　・　）

□ 07 気持ちが高ぶること。　　　　　（　・　）

□ 08 集団の中での行いの決まり。　　（　・　）

□ 09 価値が高く、とても大切なこと。（　・　）

□ 10 ほしいと願う気持ち。　　　　　（　・　）

ア 貴	イ 簡	ウ 規	エ 心	オ 潔	カ 望
キ 興	ク 重	ケ 奮	コ 欲	サ 律	シ 決

一番よくでるよ！

読み

部首と部首名

筆順・画数

送りがな

音と訓

四字熟語

対義語・類義語

熟語作り

熟語の構成

同じ読みの漢字

書き取り

解答

01 (カ・ケ)

02 (エ・ア)

03 (オ・ク)

04 (サ・イ)

05 (コ・シ)

解説

拡張
拡＝広げる。
張＝広げて大きくする。

否定
否＝反対。打ち消し。
定＝決まっていること。

誠実
誠＝真心のあること。
実＝いつわりのないこと。

負担
負＝背負う。
担＝引き受ける。受け持つ。

加盟
加＝加わる。
盟＝ちかい。約束。

解答

06 (イ・オ)

07 (キ・ケ)

08 (ウ・サ)

09 (ア・ク)

10 (コ・カ)

解説

簡潔
簡＝簡単なこと。
潔＝いさぎよいこと。

興奮
興＝感情が盛り上がる。
奮＝奮い立つ。

規律
規＝決まり。規則。
律＝おきて。

貴重
貴＝値打ちが高いこと。
重＝大切。重んじる。

欲望
欲＝ほしがる。ほしいと思う心。
望＝のぞむ。のぞみ。

よく考えてみよう！

それぞれ下の□の中から漢字を選び、次の意味に
あてはまる熟語を作り、記号で答えなさい。

□ **01** 全体をわけあって受け持つこと。（ ・ ）

□ **02** 物を倉庫などにたくわえておくこと。（ ・ ）

□ **03** はなやかで目立つこと。 （ ・ ）

□ **04** 役目につくこと。 （ ・ ）

□ **05** 見わたすことができるはんい。 （ ・ ）

| ア派 イ視 ウ担 エ会 オ分 カ蔵 |
| キ就 ク員 ケ手 コ界 サ任 シ貯 |

□ **06** 物事をおそれない気持ち。 （ ・ ）

□ **07** 物事をよく調べ考えること。 （ ・ ）

□ **08** 物事のねうちやあたい。 （ ・ ）

□ **09** 病人やけが人を世話すること。 （ ・ ）

□ **10** 始末をつけること。 （ ・ ）

| ア話 イ値 ウ看 エ度 オ者 カ処 |
| キ討 ク価 ケ理 コ胸 サ検 シ護 |

合格点
7/10

得点
/10

一番
よくでるよ！

でる度
★★★
★★
★

解答 | 解説

01 (オ・ウ)

分担 分=わける。わけたもの。
担=引き受ける。受け持つ。

02 (シ・カ)

貯蔵 貯=たくわえる。
蔵=くら。倉庫。

03 (ア・ケ)

派手 成り立ちがはっきりしない熟語。

04 (キ・サ)

就任 就=仕事や役目などにつく。
任=つとめ。仕事。

05 (イ・コ)

視界 視=見る。気をつけて見る。
界=はんい。

解答 | 解説

06 (エ・コ)

度胸 度=人間としての大きさ。
胸=心。

07 (サ・キ)

検討 検=調べる。
討=たずねる。問いただす。

08 (ク・イ)

価値 価=値打ち。
値=値打ち。あたい。

09 (ウ・シ)

看護 看=みる。みまもる。
護=まもる。

10 (カ・ケ)

処理 処=始末する。
理=計らう。とりさばく。

よく考えて
みよう！

読み

部首と部首名

筆順・画数

送りがな

音と訓

四字熟語

対義語・類義語

熟語作り

熟語の構成

同じ読みの漢字

書き取り

それぞれ下の□の中から漢字を選び、次の意味に
あてはまる熟語を作り、記号で答えなさい。

□ 01 世の中に広く知られていること。 （ ・ ）

□ 02 真心を持ってよくつとめること。 （ ・ ）

□ 03 うれしい知らせ。 （ ・ ）

□ 04 ずたずたにたち切ること。 （ ・ ）

□ 05 機械などをあやつって動かすこと。（ ・ ）

ア 実	イ 寸	ウ 行	エ 名	オ 作	カ 進
キ 著	ク 報	ケ 操	コ 忠	サ 断	シ 朗

□ 06 新しいものをつくりだすこと。 （ ・ ）

□ 07 大変いそぐこと。 （ ・ ）

□ 08 一つのことに集中すること。 （ ・ ）

□ 09 さしずして人々を動かすこと。 （ ・ ）

□ 10 一生の終わりに近い時期。 （ ・ ）

ア 読	イ 造	ウ 至	エ 年	オ 念	カ 創
キ 指	ク 者	ケ 晩	コ 専	サ 急	シ 揮

一番よくでるよ！

でる度 ★★★ ★★ ★

	読み

	部首と部首名

解答 / 解説

01 (キ・エ)

著名
著＝明らかになる。目立つ。
名＝人の名前。

02 (コ・ア)

忠実（ちゅうじつ）
忠＝真心をつくす。
実＝いつわりのないこと。

03 (シ・ク)

朗報（ろうほう）
朗＝気持ちが明るいこと。
報＝知らせ。

04 (イ・サ)

寸断（すんだん）
寸＝非常に短い。ごく少し。
断＝たち切る。切れる。

05 (ケ・オ)

操作（そうさ）
操＝思い通りに動かす。
作＝ふるまい。

解答 / 解説

06 (カ・イ)

創造（そうぞう）
創＝初めてつくる。
造＝つくること。

07 (ウ・サ)

至急（しきゅう）
至＝この上ない。
急＝急ぐ。急ぐこと。

08 (コ・オ)

専念（せんねん）
専＝ひたすら。一つのことに集中する。
念＝おもう。

09 (キ・シ)

指揮（しき）
指＝指図する。
揮＝ふるう。

10 (ケ・エ)

晩年（ばんねん）
晩＝時期がおそい。
年＝年れい。

筆順・画数 / 送りがな / 音と訓 / 四字熟語 / 対義語・類義語 / 熟語作り / 熟語の構成 / 同じ読みの漢字 / 書き取り

よく考えてみよう！

熟語の構成のしかたには次のようなものがある。

> ア 反対や対になる意味の字を組み合わせたもの。(**強弱**)
> イ 同じような意味の字を組み合わせたもの。(**身体**)
> ウ 上の字が下の字の意味を説明(修飾)しているもの。(**会員**)
> エ 下の字から上の字へ返って読むと意味がよくわかるもの。(**消火**)

次の熟語は、上のどれにあたるか、記号で答えなさい。

☐ **01** 洗顔 (　　　　)

☐ **02** 勤務 (　　　　)

☐ **03** 車窓 (　　　　)

☐ **04** 取捨 (　　　　)

☐ **05** 観劇 (　　　　)

☐ **06** 牛乳 (　　　　)

☐ **07** 縦横 (　　　　)

☐ **08** 山頂 (　　　　)

☐ **09** 映写 (　　　　)

☐ **10** 養蚕 (　　　　)

一番
よくでるよ！

でる度 ★★★
★★
★

よく考えて
みよう！

読み

部首と部首名

筆順・画数

送りがな

音と訓

四字熟語

対義語・類義語

熟語作り

熟語の構成

同じ読みの漢字

書き取り

解答　　　　　　　　　　**解説**

01 （ エ ）　洗顔　「洗う←顔を」と考える。

02 （ イ ）　勤務　どちらも「つとめる」の意味。

03 （ ウ ）　車窓　「車の→窓」と考える。

04 （ ア ）　取捨　「取る」←→「捨てる」と考える。

05 （ エ ）　観劇　「みる←劇を」と考える。

06 （ ウ ）　牛乳　「牛の→乳」と考える。

07 （ ア ）　縦横　「たて」←→「よこ」と考える。

08 （ ウ ）　山頂　「山の→頂」と考える。

09 （ イ ）　映写　どちらも「うつす」の意味。

10 （ エ ）　養蚕　「養う←蚕を」と考える。

熟語の構成のしかたには次のようなものがある。

ア	反対や対になる意味の字を組み合わせたもの。(強弱)
イ	同じような意味の字を組み合わせたもの。(身体)
ウ	上の字が下の字の意味を説明(修飾)しているもの。(会員)
エ	下の字から上の字へ返って読むと意味がよくわかるもの。(消火)

次の熟語は、上のどれにあたるか、記号で答えなさい。

□ 01 班長 （　　　）

□ 02 干満 （　　　）

□ 03 登頂 （　　　）

□ 04 樹木 （　　　）

□ 05 国宝 （　　　）

□ 06 敬老 （　　　）

□ 07 潮風 （　　　）

□ 08 難易 （　　　）

□ 09 立腹 （　　　）

□ 10 善良 （　　　）

一番
よくでるよ！

でる度 ★★★ ★★ ★

よく考えて
みよう！

読み

部首と部首名

筆順・画数

送りがな

音と訓

四字熟語

対義語・類義語

熟語作り

熟語の構成

同じ読みの漢字

書き取り

解答 **解説**

01 （ ウ ）　班長（はんちょう）「班の→長」と考える。

02 （ ア ）　干満（かんまん）「ひあがる」⟷「満ちる」と考える。

03 （ エ ）　登頂（とうちょう）「登る←頂に」と考える。

04 （ イ ）　樹木（じゅもく）どちらも「木」の意味。

05 （ ウ ）　国宝（こくほう）「国の→宝物」と考える。

06 （ エ ）　敬老（けいろう）「敬う←老人を」と考える。

07 （ ウ ）　潮風（しおかぜ）「潮の→風」と考える。

08 （ ア ）　難易（なんい）「難しい」⟷「易しい」と考える。

09 （ エ ）　立腹（りっぷく）「立てる←腹を」と考える。

10 （ イ ）　善良（ぜんりょう）どちらも「よい」の意味。

熟語の構成のしかたには次のようなものがある。

> ア 反対や対になる意味の字を組み合わせたもの。(**強弱**)
> イ 同じような意味の字を組み合わせたもの。(**身体**)
> ウ 上の字が下の字の意味を説明(修飾)しているもの。(**会員**)
> エ 下の字から上の字へ返って読むと意味がよくわかるもの。(**消火**)

次の熟語は、上のどれにあたるか、記号で答えなさい。

□ 01 自己 （　　　　）

□ 02 乗降 （　　　　）

□ 03 困苦 （　　　　）

□ 04 胸囲 （　　　　）

□ 05 延期 （　　　　）

□ 06 善悪 （　　　　）

□ 07 絹糸 （　　　　）

□ 08 除去 （　　　　）

□ 09 帰宅 （　　　　）

□ 10 特権 （　　　　）

合格点	得点
7/10	/10

一番
よくでるよ！

よく考えて
みよう！

	解答		解説
01	（ イ ）	自己 じこ	どちらも「自分」の意味。
02	（ ア ）	乗降 じょうこう	「乗る」⟷「降りる」と考える。
03	（ イ ）	困苦 こんく	どちらも「苦しむ」の意味。
04	（ ウ ）	胸囲 きょうい	「胸の→周囲」と考える。
05	（ エ ）	延期 えんき	「延ばす←期日を」と考える。
06	（ ア ）	善悪 ぜんあく	「善い」⟷「悪い」と考える。
07	（ ウ ）	絹糸 きぬいと	「絹の→糸」と考える。
08	（ イ ）	除去 じょきょ	どちらも「とりのぞく」の意味。
09	（ エ ）	帰宅 きたく	「帰る←自宅に」と考える。
10	（ ウ ）	特権 とっけん	「特別な→権利」と考える。

読み

部首と部首名

筆順・画数

送りがな

音と訓

四字熟語

対義語・類義語

熟語作り

熟語の構成

同じ読みの漢字

書き取り

でる度 ★★★ 熟語の構成 ④

熟語の構成のしかたには次のようなものがある。

> ア 反対や対になる意味の字を組み合わせたもの。(**強弱**)
> イ 同じような意味の字を組み合わせたもの。(**身体**)
> ウ 上の字が下の字の意味を説明(修飾)しているもの。(**会員**)
> エ 下の字から上の字へ返って読むと意味がよくわかるもの。(**消火**)

次の熟語は、上のどれにあたるか、記号で答えなさい。

□ 01 築城 (　　　　)

□ 02 若者 (　　　　)

□ 03 紅白 (　　　　)

□ 04 閉店 (　　　　)

□ 05 温暖 (　　　　)

□ 06 灰色 (　　　　)

□ 07 尊敬 (　　　　)

□ 08 洗車 (　　　　)

□ 09 翌週 (　　　　)

□ 10 公私 (　　　　)

一番よくでるよ！

てる度 ★★★ ★★ ★

よく考えてみよう！

読み

部首と部首名

筆順・画数

送りがな

音と訓

四字熟語

対義語・類義語

熟語作り

熟語の構成

同じ読みの漢字

書き取り

解答 | **解説**

01 （ エ ） 築城 「築く ← 城を」と考える。

02 （ ウ ） 若者 「若い → 者」と考える。

03 （ ア ） 紅白 「紅」 ⟷ 「白」と考える。

04 （ エ ） 閉店 「閉める ← 店を」と考える。

05 （ イ ） 温暖 どちらも「あたたかい」の意味。

06 （ ウ ） 灰色 「灰の → 色」と考える。

07 （ イ ） 尊敬 どちらも「うやまう」の意味。

08 （ エ ） 洗車 「洗う ← 車を」と考える。

09 （ ウ ） 翌週 「次の → 週」と考える。

10 （ ア ） 公私 「おおやけ」 ⟷ 「わたくし」と考える。

同じ読みの漢字 ❶

次の――線のカタカナを漢字になおしなさい。

□ **01** <u>コウカ</u>な毛皮のコートを買った。（　　　　）

□ **02** この医薬品の<u>コウカ</u>は絶大だ。（　　　　）

□ **03** 交通<u>ジコ</u>を起こしてしまった。（　　　　）

□ **04** あの人は<u>ジコ</u>主張の強い人だ。（　　　　）

□ **05** 仏だんにおはぎを<u>ソナ</u>える。（　　　　）

□ **06** 試験に<u>ソナ</u>えて勉強する。（　　　　）

□ **07** コンサートの<u>シキ</u>者を務める。（　　　　）

□ **08** <u>シキ</u>折々の景色が美しい。（　　　　）

□ **09** この部屋では火気は<u>ゲンキン</u>だ。（　　　　）

□ **10** お代を<u>ゲンキン</u>でしはらった。（　　　　）

解答

解説

01 (高価)

値段が高いこと。
他例 降下・校歌

02 (効果)

効き目。良い結果。

03 (事故)

思いがけなく起きる、悪い出来事。

04 (自己)

自分。おのれ。

05 (供)

供える＝神仏などの前に物をささげる。

06 (備)

備える＝前から用意する。

07 (指揮)

指揮者＝合奏や合唱の指揮をする人。

08 (四季)

春・夏・秋・冬の四つの季節。

09 (厳禁)

かたく禁止すること。

10 (現金)

電子マネーなどに対して、紙へい・こう貨などの実際の通貨。

読み

部首と部首名

筆順・画数

送りがな

音と訓

四字熟語

対義語・類義語

熟語作り

熟語の構成

同じ読みの漢字

書き取り

次の——線のカタカナを漢字になおしなさい。

□ **01** ろうかを走るのは**キンシ**だ。　　（　　　　）

□ **02** **キンシ**のため、眼鏡をかける。　（　　　　）

□ **03** 美しい笛の**ネ**にききいった。　　（　　　　）

□ **04** この本は**ネ**が張る。　　　　　　（　　　　）

□ **05** 映画の**カンケツ**編を待ち望む。　（　　　　）

□ **06** 報告書を**カンケツ**にまとめる。　（　　　　）

□ **07** **セイカ**ランナーに声えんを送る。（　　　　）

□ **08** 著名人の**セイカ**をおとずれる。　（　　　　）

□ **09** **ナイゾウ**の病気で入院する。　　（　　　　）

□ **10** 通信機能**ナイゾウ**の印刷機器だ。（　　　　）

	解答		解説
01	(禁止)		してはいけないと止めること。
02	(近視)		遠くがはっきり見えないこと。
03	(音)		おと。また、鳥や虫の鳴き声。 他例 根
04	(値)		値が張る＝値段が高い。
05	(完結)		全部終わること。
06	(簡潔)		短くよくまとまっていること。
07	(聖火)		オリンピックの時にともされる火。 他例 青果
08	(生家)		生まれた家。
09	(内臓)		胸や腹の中にあって色々な働きをしている器官。
10	(内蔵)		内部に持っていること。

読み

部首と部首名

筆順・画数

送りがな

音と訓

四字熟語

対義語・類義語

熟語作り

熟語の構成

同じ読みの漢字

書き取り

次の──線のカタカナを漢字になおしなさい。

□ 01 シボウ校に無事合格した。　　　（　　　　）

□ 02 海の事故でシボウ者が出た。　　（　　　　）

□ 03 新しくセイトウを結成する。　　（　　　　）

□ 04 セイトウな評価に満足する。　　（　　　　）

□ 05 トウブンひかえめのケーキ。　　（　　　　）

□ 06 ケーキを六トウブンする。　　　（　　　　）

□ 07 コンパスのジシンを確認する。　（　　　　）

□ 08 ジシンに満ちあふれた表情だ。　（　　　　）

□ 09 町の祭りがテレビにウツる。　　（　　　　）

□ 10 運転席から助手席にウツる。　　（　　　　）

解答 / 解説

読み

部首と部首名

筆順・画数

送りがな

音と訓

四字熟語

対義語・類義語

熟語作り

熟語の構成

同じ読みの漢字

書き取り

01 (志望)

自分から望むこと。

02 (死亡)

死ぬこと。

03 (政党)

政治について同じ考えを持つ人々の集まり。

他例 正答 (せいとう)

04 (正当)

筋が通っていて正しいこと。

05 (糖分)

食べ物にふくまれている糖類の成分。

他例 当分 (とうぶん)

06 (等分)

等しく分けること。

07 (磁針)

方位を知るための小型の針状の磁石。

他例 自身 (じしん)

08 (自信)

自分の能力や正しさなどを信じて疑わないこと。

09 (映)

映る＝映像として出る。

他例 写る (うつる)

10 (移)

移る＝物や人の位置・場所が変わる。

次の──線のカタカナを漢字になおしなさい。

□ **01** <u>ユウリョウ</u>な品質を保つ。　　（　　　）

□ **02** <u>ユウリョウ</u>道路を走行する。　　（　　　）

□ **03** <u>ヤク</u>五万語を収録する辞書だ。　（　　　）

□ **04** 日本語<u>ヤク</u>を読む。　　　　　　（　　　）

□ **05** 美しい星空に<u>カンゲキ</u>した。　　（　　　）

□ **06** 母とオペラの<u>カンゲキ</u>に行く。　（　　　）

□ **07** 静かな町に<u>ス</u>む。　　　　　　　（　　　）

□ **08** これで気が<u>ス</u>んだ。　　　　　　（　　　）

□ **09** <u>カイダン</u>にすわり、一息つく。　（　　　）

□ **10** 首脳<u>カイダン</u>が延期になる。　　（　　　）

解答

解説

01 (優良) すぐれていて良いこと。

02 (有料) お金がかかること。

03 (約) およそ。だいたい。

04 (訳) ある言語で表されたものを、別の言語に直して表したもの。

05 (感激) 心に深く感じること。

06 (観劇) しばいを見ること。

07 (住) 住む＝場所を決めて生活する。

08 (済) 気が済む＝気持ちがおさまる。満足する。

09 (階段) 高さのちがう場所に行くための段になった通路。

10 (会談) 団体組織の中心になる人が集まって話し合うこと。

読み

部首と部首名

筆順・画数

送りがな

音と訓

四字熟語

対義語・類義語

熟語作り

熟語の構成

同じ読みの漢字

書き取り

*

次の——線のカタカナを漢字になおしなさい。

□ **01** 木々の**ワカバ**があざやかだ。　（　　　　）

□ **02** きれいな空に**セイザ**がうかぶ。　（　　　　）

□ **03** 水面に自分の**スガタ**が映った。　（　　　　）

□ **04** **ウチュウ**のなぞに思いをはせる。（　　　　）

□ **05** ピアノの**ドクソウ**によいしれる。（　　　　）

□ **06** 海岸に**ソ**ってホテルが並ぶ。　（　　　　）

□ **07** 国際問題を**ギロン**する。　　　（　　　　）

□ **08** さし身の**モ**り合わせを注文する。（　　　　）

□ **09** マフラーを首に**マ**いて出かけた。（　　　　）

□ **10** 実力を**ハッキ**する。　　　　（　　　　）

解答 / **解説**

01（ 若葉 ）
草木の生えて間もないころの葉。
他例 若い・若者・若菜

02（ 星座 ）
星の集まりを神話の人物や動物などに見立てて名前を付けたもの。
他例 座席・正座

03（ 姿 ）
体の格好。体つき。

04（ 宇宙 ）
地球・星・太陽などすべての天体をふくむ果てしない広がり。

05（ 独奏 ）
一人で楽器をかなでること。
他例 演奏・合奏

06（ 沿 ）
沿う＝基準になるものからはなれない状態を保つ。

07（ 議論 ）
たがいに意見を言い合うこと。
他例 討論・理論・論議

08（ 盛 ）
盛り合わせ＝数種類のものを一つの器に盛りつけたもの。

09（ 巻 ）
巻く＝物の周りに長いものを回してまといつける。

10（ 発揮 ）
持っている力をかくさず十分に示すこと。
他例 指揮

81

次の——線のカタカナを漢字になおしなさい。

□ 01 遠足で足が<u>ボウ</u>になる。　　　（　　　　　）

□ 02 故郷から便りが<u>トド</u>いた。　　　（　　　　　）

□ 03 <u>マドベ</u>に植物を置いている。　　（　　　　　）

□ 04 春夏秋冬ごとに<u>ハイク</u>をよむ。　（　　　　　）

□ 05 <u>ケイサツ</u>署の交通課に出向く。　（　　　　　）

□ 06 背の高い順に<u>ナラ</u>べる。　　　　（　　　　　）

□ 07 母と交代で、父を<u>カンゴ</u>する。　（　　　　　）

□ 08 夕日が空を赤く<u>ソ</u>める。　　　　（　　　　　）

□ 09 <u>シゲン</u>を有効に利用する。　　　（　　　　　）

□ 10 係員の指示に<u>シタガ</u>って歩く。　（　　　　　）

解答 / 解説

01 (棒)

足が棒になる＝長く歩き続けて、ひどく足がつかれる。
他例 鉄棒

02 (届)

届く＝送った物が目的の所に着く。

03 (窓辺)

窓のそば。
他例 窓口

04 (俳句)

五・七・五の十七音からなる、日本に昔からある短い詩。
他例 俳優

05 (警察)

警察署＝警察の仕事をしている役所。
他例 警報・警備・警察官

06 (並)

並べる＝そろえる。ならばせる。配列する。
他例 並木

07 (看護)

病人やけが人を世話すること。
他例 看板・看病

08 (染)

染める＝光などが、あたりの色を変える。

09 (資源)

物をつくるもとになるもの。産業の原材料となる自然のもの。
他例 電源

10 (従)

従う＝逆らわずにその通りにする。服従する。

読み

部首と部首名

筆順・画数

送りがな

音と訓

四字熟語

対義語・類義語

熟語作り

熟語の構成

同じ読みの漢字

書き取り

次の——線のカタカナを漢字になおしなさい。

□ **01** 日が<u>ク</u>れて夜がやってくる。　（　　　）

□ **02** 用事を早めに<u>ス</u>ませて帰宅する。（　　　）

□ **03** 冷ぼう<u>ソウチ</u>を取り付ける。　（　　　）

□ **04** 油よごれを<u>アラ</u>って落とす。　（　　　）

□ **05** データを<u>ホゾン</u>する。　　　（　　　）

□ **06** 昔のことは<u>ワス</u>れた。　　　（　　　）

□ **07** テニスの大会で<u>ユウショウ</u>した。（　　　）

□ **08** <u>キチョウ</u>品をフロントに預ける。（　　　）

□ **09** 制限<u>クイキ</u>に足をふみいれる。　（　　　）

□ **10** ネギを<u>キザ</u>んでスープに入れる。（　　　）

読み

部首と部首名

筆順・画数

送りがな

音と訓

四字熟語

対義語・類義語

熟語作り

熟語の構成

同じ読みの漢字

書き取り

解答 / 解説

01 (暮)

日が暮れる＝太陽がしずんで暗くなる。
他例 暮らす

02 (済)

済ます＝物事をしとげる。終える。

03 (装置)

ある物事をするのに必要な道具など。
他例 服装・包装・軽装

04 (洗)

洗う＝よごれたものを水・薬品などですすいできれいにすること。

05 (保存)

そのままの状態を保って、とっておくこと。
他例 存在

06 (忘)

忘れる＝前に覚えていたことを思い出せなくなる。

07 (優勝)

第一位で勝つこと。
他例 俳優

08 (貴重)

価値が高くとても大切であること。

09 (区域)

区切りをつけて設けた一定のはんい・地域。
他例 地域・流域

10 (刻)

刻む＝細かく切る。

次の――線のカタカナを漢字になおしなさい。

□ **01** 政治家がテレビ<u>トウロン</u>をする。（　　　）

□ **02** <u>ワレ</u>を忘れて興奮した。（　　　）

□ **03** 先方は前向きな<u>シセイ</u>を示した。（　　　）

□ **04** あまりの<u>イタ</u>さに声が出ない。（　　　）

□ **05** <u>ニュウシ</u>が生え変わった。（　　　）

□ **06** にわかに雨が<u>フ</u>ってきた。（　　　）

□ **07** 水玉<u>モヨウ</u>のネクタイをしめる。（　　　）

□ **08** 一部を<u>ノゾ</u>いて完成した。（　　　）

□ **09** <u>ハゲ</u>しい運動はひかえる。（　　　）

□ **10** 世界<u>イサン</u>を取材する。（　　　）

合格点	得点
7/10	/10

解答 / 解説

01 (討論)

たがいに考えを出し合って話し合うこと。
[他例] 討議 (とうぎ)

02 (我)

我を忘れる(われをわす)＝夢中になる。心をうばわれる。

03 (姿勢)

物事に取り組む態度。

04 (痛)

痛い＝病気やけがなどで、その部分に苦痛を感じてつらい。

05 (乳歯)

ほにゅう類で最初に生える歯。永久歯にぬけかわる。
[他例] 牛乳 (ぎゅうにゅう)

06 (降)

降る＝雨や雪が空から落ちてくる。

07 (模様)

かざりにする色々な形の図がら。
[他例] 模型・規模 (もけい・きぼ)

08 (除)

除く＝いらない物を取り去る。のける。除去する。

09 (激)

激しい＝勢いが非常に強い。程度などがはなはだしい。

10 (遺産)

世界遺産(せかいいさん)＝世界的に保護していくことが定められた自然・文化遺産。
[他例] 遺物 (いぶつ)

読み

部首と部首名

筆順・画数

送りがな

音と訓

四字熟語

対義語・類義語

熟語作り

熟語の構成

同じ読みの漢字

書き取り

次の──線の漢字の読みをひらがなで書きなさい。

□ **01** 水蒸気で窓ガラスがくもる。　（　　　　）

□ **02** 警報装置が鳴りひびく。　　　（　　　　）

□ **03** 試験の問題に誤りがあった。　（　　　　）

□ **04** 雨天のため大会が延期された。（　　　　）

□ **05** 公園のイチョウ並木がきれいだ。（　　　　）

□ **06** 晩秋も過ぎて風が冷たく感じる。（　　　　）

□ **07** 創立記念日のため休校になる。（　　　　）

□ **08** 助言に従って行動を改める。　（　　　　）

□ **09** 農民の生産意欲を高める。　　（　　　　）

□ **10** 洗たく物を外に干す。　　　　（　　　　）

これも
ねらわれる！

でる度 ★★★
★★
★

解答	**解説**
01 (すいじょうき)	水が蒸発してできる気体。 他例 蒸気・蒸発
02 (けいほう)	人々に注意をうながすための知らせ。 他例 警護・警備・警察署
03 (あやま)	誤り＝まちがい。正しくないこと。
04 (えんき)	期日を延ばすこと。 他例 延長・順延
05 (なみき)	道に沿って、並べて植えてある木。
06 (ばんしゅう)	秋の終わりごろ。 他例 昨晩・毎晩・今晩
07 (そうりつ)	学校や会社などを初めて設立すること。 他例 創設・創作・創業・独創的
08 (したが)	従う＝逆らわずにその通りにする。服従する。
09 (いよく)	物事を進んでやろうという気持ち。 他例 食欲・無欲
10 (ほ)	干す＝かわかす。水気を取り去る。

読み

部首と部首名

筆順・画数

送りがな

音と訓

四字熟語

対義語・類義語

熟語作り

熟語の構成

同じ読みの漢字

書き取り

次の——線の漢字の読みをひらがなで書きなさい。

□ **01** 動物は常に<u>呼吸</u>している。　（　　　　）

□ **02** 山の<u>頂</u>に雲がかかった。　（　　　　）

□ **03** ラジオで文学作品を<u>朗読</u>する。（　　　　）

□ **04** 本を<u>閉</u>じて物思いにひたる。　（　　　　）

□ **05** ゴミの<u>収集</u>方法が大きく変わる。（　　　　）

□ **06** チラシの<u>裏</u>にメモをとる。　（　　　　）

□ **07** <u>看護</u>師の資格をとった。　（　　　　）

□ **08** <u>温暖化</u>問題について話し合う。（　　　　）

□ **09** 楽団の<u>指揮者</u>を務める。　（　　　　）

□ **10** 好評のため公演期間が<u>延</u>びた。（　　　　）

これも
ねらわれる！

でる度 ★★★
★★
★

解答 | 解説

01 (こきゅう)

空気を吸ったりはいたりすること。
他例 点呼

02 (いただき)

山などの一番高いところ。

03 (ろうどく)

声に出して読むこと。
他例 明朗・朗報

04 (と)

閉じる＝開いていたものをしめる。
他例 閉める

05 (しゅうしゅう)

まとめて集めること。
他例 収録・吸収・回収・領収書

06 (うら)

後ろ。反対側。背後。背面。
他例 裏庭・裏切る・裏腹

07 (かんご)

看護師＝けがや病人の世話を職業としている人。
他例 看板

08 (おんだんか)

年平均気温が高くなっていくこと。
他例 暖流・寒暖

09 (しきしゃ)

合奏や合唱の指揮をする人。
他例 発揮

10 (の)

延びる＝延長される。長引く。延期される。

読み

部首と部首名

筆順・画数

送りがな

音と訓

四字熟語

対義語・類義語

熟語作り

熟語の構成

同じ読みの漢字

書き取り

次の──線の漢字の読みをひらがなで書きなさい。

□ **01** 台風で切れた電線が垂れている。（　　　　）

□ **02** 公衆の面前で相手を非難する。　（　　　　）

□ **03** かれの発言に座が白けた。　　　（　　　　）

□ **04** 春になりプロ野球が開幕した。　（　　　　）

□ **05** 各国の首脳が会談した。　　　　（　　　　）

□ **06** 筋道を立てて解説する。　　　　（　　　　）

□ **07** 女性が外務大臣に就任した。　　（　　　　）

□ **08** 京都の町並みを一人で散策する。（　　　　）

□ **09** 卵焼きのつくり方を教わる。　　（　　　　）

□ **10** 洗ったシャツをまとめて干す。　（　　　　）

これも
ねらわれる！

解答

解説

01 (た)
垂れる＝一方が留められたひもなどの、反対のはしが下にさがる。

02 (こうしゅう)
社会を構成するいっぱんの人々。
他例 観衆・民衆・衆議院

03 (ざ)
座が白ける＝盛り上がっていたふん囲気がこわされ、よそよそしい感じになる。
他例 座席・星座・講座・王座

04 (かいまく)
大きな行事や試合などが始まること。
他例 閉幕・除幕・入幕・幕府

05 (しゅのう)
団体・組織の中心になる人。
他例 頭脳

06 (すじみち)
きちんとした順序。
他例 道筋・川筋・首筋

07 (しゅうにん)
ある任務につくこと。
他例 就職・就航

08 (さんさく)
ぶらぶらと目的もなく歩くこと。
他例 対策・方策

09 (たまごや)
卵焼き＝卵をかきまぜて味をつけて焼いた料理。

10 (あら)
洗う＝よごれたものを水・薬品などですいできれいにすること。

次の──線の漢字の読みをひらがなで書きなさい。

□ 01 父は商社に勤めている。 （　　　　）

□ 02 組織が変わり、部署を新設する。（　　　　）

□ 03 郷土に対する愛情は人一倍だ。（　　　　）

□ 04 地元の人につりの穴場を聞く。（　　　　）

□ 05 ランナーを沿道から応えんする。（　　　　）

□ 06 厳格な父の背中を見て育つ。（　　　　）

□ 07 合唱曲の歌詞を覚える。（　　　　）

□ 08 国語の時間に俳句をつくる。（　　　　）

□ 09 公平に裁いて決着をつける。（　　　　）

□ 10 国宝の仏像を拝観する。（　　　　）

読み

部首と部首名

筆順・画数

送りがな

音と訓

四字熟語

対義語・類義語

熟語作り

熟語の構成

同じ読みの漢字

書き取り

解答

解説

01 (つと)

勤める＝会社や役所などにやとわれて働くこと。

02 (ぶしょ)

それぞれに割り当てられた役目・持ち場。
他例 署名・警察署

03 (きょうど)

生まれ故郷。生まれ育った土地。ふるさと。
他例 郷里・故郷

04 (あなば)

人があまり知らないよい場所。

05 (えんどう)

道に沿ったところ。道ばた。
他例 沿岸・沿線・沿革

06 (せなか)

父の背中＝父親の物事に取り組む姿勢。
他例 背負う・背広・背泳ぎ

07 (かし)

歌曲などの歌の文句。
他例 作詞

08 (はいく)

五・七・五の十七音からなる、日本に昔からある短い詩。
他例 俳人

09 (さば)

裁く＝争いがあった時、よい悪いのどちらかに決めること。判決を下す。

10 (はいかん)

宝物・仏像などをつつしんで見ること。
他例 参拝

次の――線の漢字の読みをひらがなで書きなさい。

□ 01 半熟卵を好んで食べる。　　　　（　　　　）

□ 02 道路が至る所で寸断された。　　（　　　　）

□ 03 仕事で帰宅が深夜になった。　　（　　　　）

□ 04 視界が悪いので運転を止める。　（　　　　）

□ 05 潮風に当たり気分が晴れる。　　（　　　　）

□ 06 努力家の兄を尊敬している。　　（　　　　）

□ 07 食べ放題の店で満腹になる。　　（　　　　）

□ 08 祖父の誕生日を家族で祝う。　　（　　　　）

□ 09 感動で胸がいっぱいになった。　（　　　　）

□ 10 会員割引で商品を買う。　　　　（　　　　）

これも
ねらわれる！

でる度 ★★★
★★
★

解答 | 解説

01 (はんじゅく)
食べ物が十分にえたりゆだったりしていないこと。
他例 成熟・熟練・熟す

02 (いた)
至る所＝どこもみな。どこもかしこも。

03 (きたく)
自宅に帰ること。
他例 住宅

04 (しかい)
見通しのきく区域・はんい。視野。
他例 視察・近視

05 (しおかぜ)
海からふいてくる潮気をふくんだ風。

06 (そんけい)
尊んで、敬うこと。
他例 尊重・本尊

07 (まんぷく)
腹がいっぱいになること。
他例 中腹・腹案・腹筋

08 (たんじょうび)
生まれた日。また、毎年めぐってくるその人の生まれた日。バースデー。

09 (むね)
胸がいっぱいになる＝悲しさ・うれしさなどで胸がつまる。

10 (わりびき)
一定の価格から、ある割合の金額を引くこと。

読み

部首と部首名

筆順・画数

送りがな

音と訓

四字熟語

対義語・類義語

熟語作り

熟語の構成

同じ読みの漢字

書き取り

でる度 ★★★ 部首と部首名 ❶

次の漢字の部首と部首名を下の□の中から選び、
記号で答えなさい。

〔部首〕 （部首名）

□ 01 痛 〔　　　〕（　　　）

□ 02 肺 〔　　　〕（　　　）

□ 03 忘 〔　　　〕（　　　）

□ 04 陛 〔　　　〕（　　　）

□ 05 染 〔　　　〕（　　　）

□ 06 割 〔　　　〕（　　　）

□ 07 敬 〔　　　〕（　　　）

□ 08 誕 〔　　　〕（　　　）

あ 疒	い 氵	う 广	え 刂	お 亠	か 土	き 阝
く 心	け 攵	こ 月	さ 言	し 宀	す 艹	せ 木

ア のぶん・ぼくづくり　イ こざとへん　ウ うかんむり
エ くさかんむり　オ き　カ さんずい　キ やまいだれ
ク えんにょう　ケ にくづき　コ りっとう　サ こころ
シ つち　ス なべぶた・けいさんかんむり　セ ごんべん

98

解答

01 〔う〕疒
（キ）やまいだれ

02 〔こ〕月
（ケ）にくづき

03 〔く〕心
（サ）こころ

04 〔き〕阝
（イ）こざとへん

05 〔せ〕木
（オ）き

06 〔え〕刂
（コ）りっとう

07 〔け〕攵
（ア）のぶん・ぼくづくり

08 〔さ〕言
（セ）ごんべん

解説

01 他例 出題はんいでは、痛・病のみ。

02 他例 胸・臓・脳・腹・肥

03 他例 憲・忠・応・態・志
注意 一（なべぶた・けい・さんかんむり）ではない。

04 他例 障・除・陸・降・防

05 他例 条・査・未・末・束

06 他例 劇・創・刷・判・則

07 他例 敵・政・故・敗・散

08 他例 誌・認・諸・詞・誠

読み

部首と部首名

筆順・画数

送りがな

音と訓

四字熟語

対義語・類義語

熟語作り

熟語の構成

同じ読みの漢字

書き取り

よく考えて
みよう！

次の漢字の部首と部首名を下の▢の中から選び、記号で答えなさい。

□01 刻 〔 部首 　　〕（ 部首名 　　）

□02 聖 〔 　　〕（ 　　）

□03 我 〔 　　〕（ 　　）

□04 蔵 〔 　　〕（ 　　）

□05 勤 〔 　　〕（ 　　）

□06 郵 〔 　　〕（ 　　）

□07 賃 〔 　　〕（ 　　）

□08 延 〔 　　〕（ 　　）

あ 耳	い ゑ	う 臣	え ノ	お 艹	か 貝	き 王
く 阝	け 口	こ イ	さ 戈	し 力	す リ	せ 玄

ア にんべん　イ ほこづくり・ほこがまえ　ウ ちから
エ かい・こがい　オ の・はらいぼう　カ みみ　キ おう
ク おおざと　ケ げん　コ くち　サ くさかんむり
シ りっとう　ス えんにょう　セ しん

これも
ねらわれる！

解答 / 解説

01
〔す〕リ
（シ）りっとう

他例 制・刊・利・別・副

02
〔あ〕耳
（カ）みみ

他例 出題はんいでは、聖・聞・耳のみ。

03
〔さ〕戈
（イ）ほこづくり・ほこがまえ

他例 出題はんいでは、我・成・戦のみ。

04
〔お〕艹
（サ）くさかんむり

他例 著・蒸・若・菜・芸

05
〔し〕力
（ウ）ちから

他例 務・勢・効・労・勇

06
〔く〕阝
（ク）おおざと

他例 郷・郡・部・都

07
〔か〕貝
（エ）かい・こがい

他例 貴・貸・賀・貧・貴

08
〔い〕廴
（ス）えんにょう

他例 出題はんいでは、延・建のみ。

読み

部首と部首名

筆順・画数

送りがな

音と訓

四字熟語

対義語・類義語

熟語作り

熟語の構成

同じ読みの漢字

書き取り

よく考えて
みよう！

次の漢字の赤い画のところは筆順の何画目か、
また総画数は何画か、算用数字（1・2…）で答えなさい。

□01 衆 （ 何画目 ） 〔 総画数 〕

□02 系 （ ） 〔 〕

□03 皇 （ ） 〔 〕

□04 装 （ ） 〔 〕

□05 延 （ ） 〔 〕

□06 覧 （ ） 〔 〕

□07 宙 （ ） 〔 〕

□08 片 （ ） 〔 〕

□09 権 （ ） 〔 〕

□10 党 （ ） 〔 〕

これも
ねらわれる！

でる度 ★★★

解答 / 解説

何画目 / 総画数

01 (8)〔12〕
血の後はまん中・左・右の順で書く。
亠 血 毌 毌 毌 衆 衆 衆
3 5 7 8 9 10 11 12

02 (5)〔7〕
糸の書き方に注意。
一 ㇁ 幺 幺 系 系 系
1 2 3 4 5 6 7

03 (8)〔9〕
王の筆順に注意。
ノ 亻 ㇜ 白 自 皇 皇 皇 皇
1 2 3 4 6 7 8 9

04 (3)〔12〕
爿は縦画が1画目。
丬 丬 爿 爿 爿 壯 裝 裝
1 2 3 4 5 10 12

05 (5)〔8〕
廴は後に書く。
ノ 亻 千 千 正 正 延 延
1 2 3 4 5 6 7 8

06 (2)〔17〕
臣は縦・横のくり返しで書く。
丨 厂 匚 臣 臣 臣 覧 覧
1 2 3 4 5 6 11 17

07 (6)〔8〕
田・由などの横画は後に書く。
丶 丷 宀 宀 市 市 宙 宙
1 2 3 4 5 6 7 8

08 (3)〔4〕
左のはらいが1画目。
ノ 丿 ㇏ 片
1 2 3 4

09 (9)〔15〕
隹は縦画を書いてから横画を書く。
朿 杙 栌 栌 栌 椎 椎 権
5 7 8 9 10 12 13 15

10 (1)〔10〕
まん中の縦画を1画目に書く。
丶 丷 丷 半 堂 党 党
1 2 3 4 5 7 9 10

読み

部首と部首名

筆順・画数

送りがな

音と訓

四字熟語

対義語・類義語

熟語作り

熟語の構成

同じ読みの漢字

書き取り

次の漢字の赤い画のところは筆順の何画目か、
また総画数は何画か、算用数字（1・2…）で答えなさい。

□ 01 垂 （ 何画目 ） 〔 総画数 〕

□ 02 裁 （ ） 〔 〕

□ 03 盛 （ ） 〔 〕

□ 04 革 （ ） 〔 〕

□ 05 熟 （ ） 〔 〕

□ 06 聖 （ ） 〔 〕

□ 07 処 （ ） 〔 〕

□ 08 班 （ ） 〔 〕

□ 09 糖 （ ） 〔 〕

□ 10 灰 （ ） 〔 〕

合格点	得点
7/10	/10

これも
ねらわれる！

でる度 ★★★ ★★ ★

解答
何画目 総画数

解説

01 (3) 〔 8 〕

最後に土を書く。

一 ニ ニ 毛 垂 垂 垂 垂
1 2 3 4 5 6 7 8

02 (10) 〔12〕

衣を書いてから右側を書く。

一 十 キ 丰 丰 表 裁 裁
1 3 4 7 8 10 11 12

03 (1) 〔11〕

成は左のはらいが1画目。

丿 厂 厈 成 成 成 盛 盛
1 2 3 4 5 6 9 11

04 (3) 〔 9 〕

艹の書き方に注意。

一 艹 艹 芦 芦 苩 莒 革
1 3 4 5 6 7 8 9

05 (10) 〔15〕

丸は左のはらいを先に書く。

十 ナ 吉 亨 亨 刺 執 熟
2 4 6 7 9 10 11 15

06 (12) 〔13〕

王は横、縦、横、横の順に書く。

一 丁 王 耳 耶 聖 聖 聖
1 2 5 6 9 11 12 13

07 (4) 〔 5 〕

夂を先に書く。

丿 冬 夂 処 処
1 2 3 4 5

08 (8) 〔10〕

左から右へ書く。

一 T 王 王 H 圷 玧 班
1 2 3 5 6 7 8 10

09 (13) 〔16〕

つらぬく縦画は最後に書く。

丷 米 米 粘 粘 粘 糖 糖
3 6 8 10 11 12 13 16

10 (1) 〔 6 〕

厂は横画が1画目。

一 厂 厂 厈 灰 灰
1 2 3 4 5 6

読み

部首と部首名

筆順・画数

送りがな

音と訓

四字熟語

対義語・類義語

熟語作り

熟語の構成

同じ読みの漢字

書き取り

105

次の――線のカタカナの部分を漢字一字と
送りがな（ひらがな）になおしなさい。

□ **01** 宝石箱のふたを<u>トジル</u>。　　　（　　　　）

□ **02** 白い布地を青く<u>ソメル</u>。　　（　　　　）

□ **03** 木からしずくが<u>タレル</u>。　　（　　　　）

□ **04** ここで二万円の出費は<u>イタイ</u>。（　　　　）

□ **05** もめごとを<u>サバク</u>。　　　　（　　　　）

□ **06** 地域によって習慣が<u>コトナル</u>。（　　　　）

□ **07** 文章の<u>アヤマリ</u>をチェックする。（　　　　）

□ **08** お寺で仏像を<u>オガム</u>。　　　（　　　　）

□ **09** あまりの寒さに体が<u>チヂマル</u>。（　　　　）

□ **10** 税金を正しく<u>オサメル</u>。　　（　　　　）

これも
ねらわれる！

でる度
★★★
★★
★

解答

解説

読み

部首と部首名

筆順・画数

送りがな

音と訓

四字熟語

対義語・類義語

熟語作り

熟語の構成

同じ読みの漢字

書き取り

01 (閉じる)　開いていたものをしめる。

02 (染める)　色や模様をつける。色をしみこませる。

03 (垂れる)　しずくなどの液体が、ぽたぽたと落ちる。

04 (痛い)　好ましくないことが起こり、精神的につらい。心に苦痛を感じる。

05 (裁く)　争いがあった時、よい悪いのどちらかに決めること。裁定する。

06 (異なる)　ある物事と他の物事が同じでない。ちがう。

07 (誤り)　まちがい。正しくないこと。

08 (拝む)　神仏などに、てのひらを合わせ、頭を下げていのる。

09 (縮まる)　あるものの形が小さくなる。縮小する。

10 (納める)　お金や品物を受け取るべき人にわたす。納入する。

次の——線のカタカナの部分を漢字一字と
送りがな（ひらがな）になおしなさい。

□ **01** がんの<u>ウタガイ</u>がある。　　　（　　　　）

□ **02** 政策について<u>ハゲシク</u>議論する。（　　　　）

□ **03** この授業はいつも<u>ノビル</u>。　　（　　　　）

□ **04** 空港に<u>イタル</u>道路が混んでいる。（　　　　）

□ **05** 宿題が終わらなくて<u>コマル</u>。　（　　　　）

□ **06** 二列横隊に<u>ナラブ</u>。　　　　　（　　　　）

□ **07** 指示に<u>シタガッ</u>てひなんする。（　　　　）

□ **08** 社長あてに小包が<u>トドク</u>。　　（　　　　）

□ **09** まちがいをすなおに<u>ミトメル</u>。（　　　　）

□ **10** 手続きを早めに<u>スマセル</u>。　　（　　　　）

解答	解説

01 (疑い)
あやしいと思うこと。そうではないかと思うこと。

02 (激しく)
激しい=勢いが非常に強い。程度などがはなはだしい。

03 (延びる)
延長される。長引く。おそくなる。

04 (至る)
ある場所に行き着くこと。

05 (困る)
どうしたらよいか、迷いなやむ。

06 (並ぶ)
列をつくる。整列する。

07 (従っ)
従う=逆らわずにその通りにする。服従する。

08 (届く)
送った物が目的の所に着く。

09 (認める)
他人の意見・申し出などを正しいとして受け入れる。

10 (済ませる)
済ます=物事をしとげる。終える。

読み

部首と部首名

筆順・画数

送りがな

音と訓

四字熟語

対義語・類義語

熟語作り

熟語の構成

同じ読みの漢字

書き取り

漢字の読みには音と訓がある。次の熟語の読みは
□ の中のどの組み合わせか、記号で答えなさい。

ア 音と音　イ 音と訓　ウ 訓と訓　エ 訓と音

□ 01 針金 （　　　）

□ 02 定刻 （　　　）

□ 03 台所 （　　　）

□ 04 探検 （　　　）

□ 05 絹地 （　　　）

□ 06 職場 （　　　）

□ 07 黒潮 （　　　）

□ 08 諸国 （　　　）

□ 09 相棒 （　　　）

□ 10 裏山 （　　　）

よく考えて
みよう！

読み

部首と部首名

筆順・画数

送りがな

音と訓

四字熟語

対義語・類義語

熟語作り

熟語の構成

同じ読みの漢字

書き取り

	解答	**解説**
01	（ ウ ）	はり訓＋がね訓　他例 針箱・筋金
02	（ ア ）	テイ音＋コク音
03	（ イ ）	ダイ音＋どころ訓
04	（ ア ）	タン音＋ケン音
05	（ エ ）	きぬ訓＋ジ音　他例 絹製
06	（ イ ）	ショク音＋ば訓
07	（ ウ ）	くろ訓＋しお訓　他例 赤潮・親潮
08	（ ア ）	ショ音＋コク音
09	（ エ ）	あい訓＋ボウ音
10	（ ウ ）	うら訓＋やま訓　他例 裏方・裏庭・裏側

漢字の読みには音と訓がある。次の熟語の読みは
□の中のどの組み合わせか、記号で答えなさい。

ア 音と音　イ 音と訓　ウ 訓と訓　エ 訓と音

□ 01 回覧 （　　）

□ 02 関所 （　　）

□ 03 縦糸 （　　）

□ 04 牛乳 （　　）

□ 05 新型 （　　）

□ 06 背骨 （　　）

□ 07 残高 （　　）

□ 08 拡張 （　　）

□ 09 若葉 （　　）

□ 10 布製 （　　）

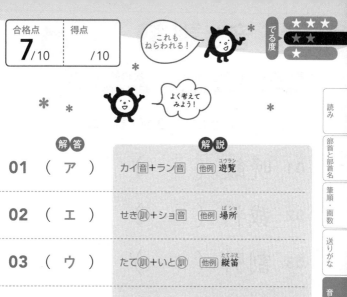

合格点	得点
7/10	/10

これも ねらわれる！

よく考えて みよう！

てる度 ★★★ ★★ ★

読み / 部首と部首名 / 筆順・画数 / 送りがな / 音と訓 / 四字熟語 / 対義語・類義語 / 熟語作り / 熟語の構成 / 同じ読みの漢字 / 書き取り

解答 / **解説**

01 （ ア ） カイ音＋ラン音 他例 遊覧

02 （ エ ） せき訓＋ショ音 他例 場所

03 （ ウ ） たて訓＋いと訓 他例 縦笛

04 （ ア ） ギュウ音＋ニュウ音 他例 授乳

05 （ イ ） シン音＋がた訓 他例 新芽

06 （ ウ ） せ訓＋ぼね訓 他例 背中

07 （ イ ） ザン音＋だか訓

08 （ ア ） カク音＋チョウ音 他例 拡大

09 （ ウ ） わか訓＋ば訓 他例 若者・若草

10 （ エ ） ぬの訓＋セイ音 他例 布地・手製・絹製

漢字の読みには音と訓がある。次の熟語の読みは
□の中のどの組み合わせか、記号で答えなさい。

ア 音と音　イ 音と訓　ウ 訓と訓　エ 訓と音

□01 晩飯　（　　）

□02 裁判　（　　）

□03 割引　（　　）

□04 疑問　（　　）

□05 手順　（　　）

□06 巻紙　（　　）

□07 仕事　（　　）

□08 穴場　（　　）

□09 組曲　（　　）

□10 政党　（　　）

よく考えて
みよう!

解答 **解説**

01 （ イ ） パン音+めし訓

02 （ ア ） サイ音+バン音　他例 裁断^{サイダン}

03 （ ウ ） わり訓+びき訓　他例 割合^{わりあい}

04 （ ア ） ギ音+モン音

05 （ エ ） て訓+ジュン音　他例 手配^{てハイ}

06 （ ウ ） まき訓+がみ訓　他例 巻物^{まきもの}・厚紙^{あつがみ}

07 （ イ ） シ音+ごと訓

08 （ ウ ） あな訓+ば訓

09 （ エ ） くみ訓+キョク音

10 （ ア ） セイ音+トウ音

読み

部首と部首名

筆順・画数

送りがな

音と訓

四字熟語

対義語・類義語

熟語作り

熟語の構成

同じ読みの漢字

書き取り

115

でる度
★★★

次の（　）のカタカナを漢字になおし、一字だけ書きなさい。

□01　直（ シャ ）日光

□02　世界（ イ ）産

□03　世（ ロン ）調査

□04　（ リン ）時列車

□05　自（ コ ）負担

□06　大器（ バン ）成

□07　応急（ ショ ）置

□08　宇（ チュウ ）開発

□09　月刊雑（ シ ）

□10　政治改（ カク ）

解答

解説

01 直（射）日光
ちょく しゃ にっこう

雲に反射されたりすることなく、直接照らす日光。

---

02 世界（遺）産
せ かい い さん

世界的に保護していくことが定められた自然・文化遺産。

---

03 世（論）調査
よ ろん ちょう さ

社会いっぱんの人々の意見を調査すること。「せろんちょうさ」とも読む。

---

04 （臨）時列車
りん じ れっしゃ

必要に応じて特別に運行される列車。

---

05 自（己）負担
じ こ ふ たん

自分で義務・責任を引き受けること。
[他例]「担」が出題されることもある。

---

06 大器（晩）成
たい き ばん せい

大人物はおくれて成功するということ。

---

07 応急（処）置
おうきゅう しょ ち

病人やけが人にする急場の手当て。

---

08 宇（宙）開発
う ちゅう かいはつ

未知の宇宙を探究し、新たな活動はんいとして役立たせるようにすること。
[他例]「宇」が出題されることもある。

---

09 月刊雑（誌）
げっかんざっ し

毎月一回出る雑誌。

---

10 政治改（革）
せい じ かい かく

政治を思い切って改めること。

読み

部首と部首名

筆順・画数

送りがな

音と訓

四字熟語

対義語・類義語

熟語作り

熟語の構成

同じ読みの漢字

書き取り

次の（ ）のカタカナを漢字になおし、一字だけ書きなさい。

□ 01 （ ユウ ）先順位

□ 02 人権（ ソン ）重

□ 03 絶体絶（ メイ ）

□ 04 無理（ ナン ）題

□ 05 災害対（ サク ）

□ 06 地（ イキ ）社会

□ 07 器械体（ ソウ ）

□ 08 油断大（ テキ ）

□ 09 非常階（ ダン ）

□ 10 雨天順（ エン ）

解答 / 解説

01 （優）先順位
物事の重要さに応じた順番。

02 人権（尊）重
人間としての権利を尊重すること。
[他例]「権」が出題されることもある。

03 絶体絶（命）
のがれようのない困難な場面に追いこまれること。

04 無理（難）題
受け入れられない無理な要求。

05 災害対（策）
災害に対処したり予防したりする手段や方法。

06 地（域）社会
一定の地域に生活し、利害関係などで結ばれている共同体。

07 器械体（操）
鉄棒やとび箱などを用いて行う運動のこと。
[他例]「器」が出題されることもある。

08 油断大（敵）
気のゆるみが大きな失敗の原因になることがあるといういましめ。
[他例]「断」が出題されることもある。

09 非常階（段）
災害時などに使う、にげるための階段。

10 雨天順（延）
雨の場合は実行を1日ずつ先に延ばすこと。

次の（　）のカタカナを漢字になおし、一字だけ書きなさい。

□ 01　公（ シ ）混同

□ 02　（ ホ ）足説明

□ 03　政（ トウ ）政治

□ 04　（ ザ ）席指定

□ 05　自画自（ サン ）

□ 06　空前（ ゼツ ）後

□ 07　一進一（ タイ ）

□ 08　（ タン ）刀直入

□ 09　言語道（ ダン ）

□ 10　一挙両（ トク ）

解答 | **解説**

01 公（私）混同 — おおやけと、わたくしとを分けないこと。

02 （補）足説明 — 十分でないところを補って行う説明。

03 政（党）政治 — 政党が中心になって行う政治。

04 （座）席指定 — すわる席を指定すること。

05 自画自（賛） — 自分で自分をほめること。

06 空前（絶）後 — 過去にも例がなく、将来にもありえないと思われるめずらしいこと。

07 一進一（退） — 前に進んだり後ろにさがったりすること。または、よくなったり悪くなったりすること。

08 （単）刀直入 — 前置きなしに直接本題に入ること。

09 言語道（断） — あきれて言葉が出ないほどひどいこと。

10 一挙両（得） — 一つの事で同時に二つの利益を得ること。

読み

部首と部首名

筆順・画数

送りがな

音と訓

四字熟語

対義語・類義語

熟語作り

熟語の構成

同じ読みの漢字

書き取り

次の( )のカタカナを漢字になおし、一字だけ書きなさい。

□ 01 公(シュウ)電話

□ 02 質(ギ)応答

□ 03 価(チ)判断

□ 04 (キ)急存亡

□ 05 自(キュウ)自足

□ 06 首(ノウ)会議

□ 07 (キン)務時間

□ 08 (ユウ)名無実

□ 09 玉石(コン)交

□ 10 心(キ)一転

これも ねらわれる！

でる度 ★★★ ★★ ★

解答

解説

01 公(衆)電話
こう しゅう でん わ

いっぱんの人が料金をはらって使う、街頭などに設けられた電話。

02 質(疑)応答
しつ ぎ おう とう

質問とそれに対する答え。

03 価(値)判断
か ち はん だん

物事の値打ちを評価すること。

04 (危)急存亡
き きゅうそんぼう

生きるか死ぬかの重大なせとぎわ。
他例 「存」「亡」が出題されることもある。

05 自(給)自足
じ きゅう じ そく

自分の生活に必要なものを自分で生産すること。

06 首(脳)会議
しゅ のう かい ぎ

団体・組織の中心となる人が参加する会議。

07 (勤)務時間
きん む じ かん

仕事をするように決められた時間。

08 (有)名無実
ゆう めい む じつ

名ばかりで実質がともなわないこと。

09 玉石(混)交
ぎょくせき こん こう

価値のあるものとないものが交じった状態。

10 心(機)一転
しん き いってん

あるきっかけから気持ちがすっかり変わること。
他例 「転」が出題されることもある。

読み

部首と部首名

筆順・画数

送りがな

音と訓

四字熟語

対義語・類義語

熟語作り

熟語の構成

同じ読みの漢字

書き取り

右の◯◯の中のひらがなを一度だけ使って漢字に
なおし一字記入して対義語・類義語を作りなさい。

対義語

□ 01 安全 ―（　　）険

□ 02 容易 ― 困（　　）

□ 03 横糸 ―（　　）糸

□ 04 退職 ―（　　）職

□ 05 河口 ― 水（　　）

類義語

□ 06 他界 ― 死（　　）

□ 07 自分 ― 自（　　）

□ 08 未来 ―（　　）来

□ 09 家屋 ― 住（　　）

□ 10 価格 ―（　　）段

| きげんこしゅうしょうたてなんねぼう |

読み / 部首と部首名 / 筆順・画数 / 送りがな / 音と訓 / 四字熟語 / 対義語・類義語 / 熟語作り / 熟語の構成 / 同じ読みの漢字 / 書き取り

解答 / 解説

01 （危）険
安全＝危なくないこと。
危険＝危ないこと。

02 困（難）
容易＝簡単な様子。
困難＝難しい様子。

03 （縦）糸
横糸＝織物のよこの方向に通っている糸。
縦糸＝織物のたての方向に通っている糸。

04 （就）職
退職＝仕事をやめること。
就職＝仕事につくこと。
他例 失職―就職　辞職―就職

05 水（源）
河口＝川が海や湖に流れこむところ。
水源＝川の流れ出すもと。

06 死（亡）
他界＝（仏教用語から）死ぬこと。
死亡＝死ぬこと。
他例 死去―死亡

07 自（己）
自分＝その人自身。本人。
自己＝自分。おのれ。

08 （将）来
未来＝これから先。
将来＝これから先。行く末。

09 住（宅）
家屋＝家。住まい。
住宅＝人の住む家。
他例 住居―住宅

10 （値）段
価格＝物の値段。あたい。
値段＝品物についているあたい。価格。
他例 「段」が出題されることもある。

125

右の□の中のひらがなを一度だけ使って漢字に
なおし一字記入して対義語・類義語を作りなさい。

対義語

□ 01 可決 ― （　　）決

□ 02 複雑 ― （　　）単

□ 03 快楽 ― 苦（　　）

□ 04 整理 ― 散（　　）

□ 05 借用 ― 返（　　）

類義語

□ 06 感動 ― 感（　　）

□ 07 所得 ― （　　）入

□ 08 出生 ― （　　）生

□ 09 指図 ― 指（　　）

□ 10 討議 ― 討（　　）

| かん |
| き |
| げき |
| さい |
| しゅう |
| たん |
| つう |
| ひ |
| らん |
| ろん |

解答

解説

01 （ 否 ）決
可決＝会議の議案を承認すること。
否決＝会議の議案を承認しないと決めること。

02 （ 簡 ）単
複雑＝こみいっている様子。
簡単＝手軽な様子。わかりやすいさま。

03 苦（ 痛 ）
快楽＝気持ちよくて楽しいこと。
苦痛＝苦しいこと。つらいこと。

04 散（ 乱 ）
整理＝きちんと片付けること。
散乱＝物が散らばること。

05 返（ 済 ）
借用＝人から借りて使うこと。
返済＝借りたお金や物を返すこと。

06 感（ 激 ）
感動＝物事に感じて強く心を動かされること。
感激＝心に深く感じること。

07 （ 収 ）入
所得＝仕事などで得たもうけ。
収入＝他から入ってきて、自分の物となる金品。

08 （ 誕 ）生
出生＝こどもが生まれること。「しゅっせい」とも読む。
誕生＝生まれること。

09 指（ 揮 ）
指図＝命令すること。
指揮＝指図して人を動かすこと。

10 討（ 論 ）
討議＝ある事がらについて、考えを言い合うこと。
討論＝考えを出し合い、話し合うこと。

それぞれ下の□□の中から漢字を選び、次の意味に
あてはまる熟語を作り、記号で答えなさい。

□ **01** 心にけがれがないこと。　　　　　（　・　）

□ **02** ほんの少し前。　　　　　　　　　（　・　）

□ **03** 物をつくるもとになるもの。　　　（　・　）

□ **04** 全体の構え・しくみの大きさ。　　（　・　）

□ **05** 能力などを十分にあらわすこと。（　・　）

ア 発	イ 読	ウ 前	エ 純	オ 規	カ 書
キ 真	ク 資	ケ 模	コ 揮	サ 寸	シ 源

□ **06** 非常時に注意をよびかける知らせ。（　・　）

□ **07** 不十分なところをおぎなうこと。　（　・　）

□ **08** 国のおおもとになる決まり。　　　（　・　）

□ **09** 意見を出し合って話し合うこと。　（　・　）

□ **10** おしはかって決めること。　　　　（　・　）

ア 報	イ 憲	ウ 話	エ 定	オ 足	カ 補
キ 討	ク 警	ケ 推	コ 論	サ 法	シ 者

これも
ねらわれる！

でる度 ★★★
★★
★

解答

01 (エ・キ)

02 (サ・ウ)

03 (ク・シ)

04 (オ・ケ)

05 (ア・コ)

解説

純真　純=ありのままでかざりけがない。
　　　真=本当。本物。

寸前　寸=ごく少しであること。
　　　前=時間が前であること。

資源　資=もとになるもの。元手。
　　　源=みなもと。もと。

規模　規=コンパス。決まり。
　　　模=かた。手本。

発揮　発=かくれているものを外に出す。
　　　揮=ふるう。ふりまわす。

解答

06 (ク・ア)

07 (カ・オ)

08 (イ・サ)

09 (キ・コ)

10 (ケ・エ)

解説

警報　警=注意。非常の合図。
　　　報=知らせ。

補足　補=おぎなう。うめあわせる。
　　　足=たす。満たす。

憲法　憲=決まり。規則。
　　　法=決まり。おきて。

討論　討=たずねる。問いただす。
　　　論=たがいに意見や考えを述べ合う。

推定　推=おしはかる。
　　　定=決定する。

よく考えて
みよう！

読み

部首と部首名

筆順・画数

送りがな

音と訓

四字熟語

対義語・類義語

熟語作り

熟語の構成

同じ読みの漢字

書き取り

それぞれ下の□の中から漢字を選び、次の意味に
あてはまる熟語を作り、記号で答えなさい。

□ **01** よい方向にあらためること。　　　（　・　）

□ **02** 取りのぞくこと。　　　　　　　　（　・　）

□ **03** 不明なことやうたがわしいこと。　（　・　）

□ **04** 物事の価値を説いて定めること。　（　・　）

□ **05** 新しいものをつくりだすこと。　　（　・　）

ア 批	イ 去	ウ 創　エ 疑　オ 進　カ 革
キ 評	ク 行	ケ 除　コ 作　サ 問　シ 改

□ **06** 大事にしまっておくこと。　　　　（　・　）

□ **07** 正直に心をこめて対処する気持ち。（　・　）

□ **08** ものを並べて人々に見せること。　（　・　）

□ **09** まちがった知らせ。　　　　　　　（　・　）

□ **10** 神社や寺院で神仏をおがむこと。　（　・　）

ア 意	イ 会	ウ 秘　エ 参　オ 展　カ 誤
キ 示	ク 拝	ケ 員　コ 報　サ 蔵　シ 誠

解答		解説	
01	（ シ・カ ）	改革 かいかく	改=あらためる。 革=新しくする。
02	（ ケ・イ ）	除去 じょきょ	除=取りのぞく。 去=すてる。
03	（ エ・サ ）	疑問 ぎもん	疑=疑う。疑わしい。 問=たずねる。問い。
04	（ ア・キ ）	批評 ひひょう	批=品定めをする。 評=価値を判断する。
05	（ ウ・コ ）	創作 そうさく	創=はじめてつくる。 作=つくる。

解答		解説	
06	（ ウ・サ ）	秘蔵 ひぞう	秘=ひそか。かくす。 蔵=しまう。
07	（ シ・ア ）	誠意 せいい	誠=真心のあること。 意=こころ。
08	（ オ・キ ）	展示 てんじ	展=並べる。 示=出して見せる。
09	（ カ・コ ）	誤報 ごほう	誤=まちがえる。 報=知らせ。
10	（ エ・ク ）	参拝 さんぱい	参=神仏などにおまいりする。 拝=おがむ。

よく考えて
みよう！

読み

部首と部首名

筆順・画数

送りがな

音と訓

四字熟語

対義語・類義語

熟語作り

熟語の構成

同じ読みの漢字

書き取り

熟語の構成のしかたには次のようなものがある。

> ア 反対や対になる意味の字を組み合わせたもの。(**強弱**)
> イ 同じような意味の字を組み合わせたもの。(**身体**)
> ウ 上の字が下の字の意味を説明(修飾)しているもの。(**会員**)
> エ 下の字から上の字へ返って読むと意味がよくわかるもの。(**消火**)

次の熟語は、上のどれにあたるか、記号で答えなさい。

□ 01 開閉 (　　　)

□ 02 異国 (　　　)

□ 03 存在 (　　　)

□ 04 負傷 (　　　)

□ 05 胃腸 (　　　)

□ 06 収納 (　　　)

□ 07 寒暖 (　　　)

□ 08 除草 (　　　)

□ 09 豊富 (　　　)

□ 10 家賃 (　　　)

合格点	得点
7/10	/10

これも
ねらわれる！

よく考えて
みよう！

| 読み | 部首と部首名 | 筆順・画数 | 送りがな | 音と訓 | 四字熟語 | 対義語・類義語 | 熟語作り | 熟語の構成 | 同じ読みの漢字 | 書き取り |

解答	解説	
01 （ ア ）	開閉	「開く」 ⟷ 「閉じる」 と考える。
02 （ ウ ）	異国	「異なる➡国」 と考える。
03 （ イ ）	存在	どちらも 「ある」 の意味。
04 （ エ ）	負傷	「負う⬅傷を」 と考える。
05 （ イ ）	胃腸	どちらも 「臓器」 の意味。
06 （ イ ）	収納	どちらも 「おさめる」 の意味。
07 （ ア ）	寒暖	「寒い」 ⟷ 「暖かい」 と考える。
08 （ エ ）	除草	「除く⬅草を」 と考える。
09 （ イ ）	豊富	どちらも 「たくさん」 の意味。
10 （ ウ ）	家賃	「家の➡借り賃」 と考える。

でる度 ★★★ ★★ ★

133

でる度 ★★★ 熟語の構成 ②

熟語の構成のしかたには次のようなものがある。

ア 反対や対になる意味の字を組み合わせたもの。**(強弱)**
イ 同じような意味の字を組み合わせたもの。**(身体)**
ウ 上の字が下の字の意味を説明（修飾）しているもの。**(会員)**
エ 下の字から上の字へ返って読むと意味がよくわかるもの。**(消火)**

次の熟語は、上のどれにあたるか、記号で答えなさい。

□ **01** 米俵 （　　　）

□ **02** 洗面 （　　　）

□ **03** 増減 （　　　）

□ **04** 幼児 （　　　）

□ **05** 郷里 （　　　）

□ **06** 主従 （　　　）

□ **07** 在宅 （　　　）

□ **08** 短針 （　　　）

□ **09** 価値 （　　　）

□ **10** 閉館 （　　　）

解答 **解説**

01 （ ウ ） 米俵 「米の → 俵」と考える。

02 （ エ ） 洗面 「洗う ← 顔を」と考える。

03 （ ア ） 増減 「増える」 ⟷ 「減る」と考える。

04 （ ウ ） 幼児 「幼い → こども」と考える。

05 （ イ ） 郷里 どちらも「さと」の意味。

06 （ ア ） 主従 「主となるもの」 ⟷ 「従となるもの」と考える。

07 （ エ ） 在宅 「いる ← 自宅に」と考える。

08 （ ウ ） 短針 「短い → 針」と考える。

09 （ イ ） 価値 どちらも「あたい」の意味。

10 （ エ ） 閉館 「閉める ← 館を」と考える。

読み / 部首と部首名 / 筆順・画数 / 送りがな / 音と訓 / 四字熟語 / 対義語・類義語 / 熟語作り / 熟語の構成 / 同じ読みの漢字 / 書き取り

135

熟語の構成のしかたには次のようなものがある。

> **ア** 反対や対になる意味の字を組み合わせたもの。（**強弱**）
> **イ** 同じような意味の字を組み合わせたもの。（**身体**）
> **ウ** 上の字が下の字の意味を説明（修飾）しているもの。（**会員**）
> **エ** 下の字から上の字へ返って読むと意味がよくわかるもの。（**消火**）

次の熟語は、上のどれにあたるか、記号で答えなさい。

□ 01 就職 （　　　）

□ 02 得失 （　　　）

□ 03 私用 （　　　）

□ 04 困難 （　　　）

□ 05 問答 （　　　）

□ 06 除雪 （　　　）

□ 07 歌詞 （　　　）

□ 08 死亡 （　　　）

□ 09 軽傷 （　　　）

□ 10 看病 （　　　）

これも
ねらわれる！

でる度 ★★★
★★
★

よく考えて
みよう！

読み
部首と部首名
筆順・画数
送りがな
音と訓
四字熟語
対義語・類義語
熟語作り
熟語の構成
同じ読みの漢字
書き取り

解答　　　**解説**

01 （ エ ） 就職 「つく←職に」と考える。

02 （ ア ） 得失 「得る」←→「失う」と考える。

03 （ ウ ） 私用 「わたくしの→用事」と考える。

04 （ イ ） 困難 どちらも「くるしむ」の意味。

05 （ ア ） 問答 「問う」←→「答える」と考える。

06 （ エ ） 除雪 「除く←雪を」と考える。

07 （ ウ ） 歌詞 「歌の→ことば」と考える。

08 （ イ ） 死亡 どちらも「死ぬ」の意味。

09 （ ウ ） 軽傷 「軽い→傷」と考える。

10 （ エ ） 看病 「みる←病人を」と考える。

137

次の——線のカタカナを漢字になおしなさい。

□ **01** 用件を大シキュウ伝える。　　　（　　　）

□ **02** 交通費がシキュウされた。　　　（　　　）

□ **03** ロケットが無事ハッシャされた。（　　　）

□ **04** バスが停留所をハッシャする。　（　　　）

□ **05** ジコク表を手に旅行を計画する。（　　　）

□ **06** 留学先でジコクの良さに気付く。（　　　）

□ **07** テンジブロックを設置する。　　（　　　）

□ **08** 化石のテンジ会に人が集まる。　（　　　）

□ **09** 料理にシオで味付けする。　　　（　　　）

□ **10** ここの海はシオの流れが速い。　（　　　）

解答 **解説**

01 (至急)　大変急ぐこと。

02 (支給)　お金や物をはらいわたすこと。

03 (発射)　だん丸やミサイルなどをうちだすこと。

04 (発車)　停車していた電車や自動車が走り出すこと。

05 (時刻)　連続する時間の中のある一点。

06 (自国)　自分の生まれた国。

07 (点字)　点字ブロック＝目の見えない人に方向などを知らせるため、歩道などにうめこまれたブロック。

08 (展示)　品物・作品・資料などを並べて多くの人に見せること。

09 (塩)　海水や地中からとった、塩からい味のする調味料。

10 (潮)　海の水。海水の流れ。

読み

部首と部首名

筆順・画数

送りがな

音と訓

四字熟語

対義語・類義語

熟語作り

熟語の構成

同じ読みの漢字

書き取り

次の――線のカタカナを漢字になおしなさい。

□ **01** **キチョウ**から乗客に説明する。　（　　　）

□ **02** **キチョウ**な植物を発見する。　（　　　）

□ **03** 雨で運動会は**チュウシ**だ。　（　　　）

□ **04** 株の動きを**チュウシ**する。　（　　　）

□ **05** 馬上から的を**イ**る。　（　　　）

□ **06** 祖父はいつも家に**イ**る。　（　　　）

□ **07** **キョウド**の特産品を買い求める。（　　　）

□ **08** 建物の**キョウド**を調べる。　（　　　）

□ **09** **ケイカン**の増員で犯罪が減る。　（　　　）

□ **10** **ケイカン**保護を求める声が増す。（　　　）

合格点	得点
7/10	/10

これも
ねらわれる！

でる度
★★★
★★
★

解答

解説

01 (機長)

飛行機の乗務員の長。

02 (貴重)

価値が高くとても大切であること。

03 (中止)

取りやめること。

04 (注視)

注意してじっと見つめること。

05 (射)

射る＝矢やだん丸を目的物に当てる。

06 (居)

居る＝人や物がそこにある。

07 (郷土)

生まれ故郷。ふるさと。

08 (強度)

強さの度合い。

09 (警官)

警察官の略。

10 (景観)

景色。特によいながめ。

読み

部首と部首名

筆順・画数

送りがな

音と訓

四字熟語

対義語・類義語

熟語作り

熟語の構成

同じ読みの漢字

書き取り

次の——線のカタカナを漢字になおしなさい。

☐ **01** ハラっぱにねころぶ。　　　　　（　　　）

☐ **02** 全員がハラをかかえて笑った。　（　　　）

☐ **03** 激しい雨でシカイがきかない。　（　　　）

☐ **04** パーティーのシカイを任される。（　　　）

☐ **05** キンゾク期間が十年をこえた。　（　　　）

☐ **06** 希少なキンゾクの価格が上がる。（　　　）

☐ **07** 生ホウソウのテレビ番組を見る。（　　　）

☐ **08** プレゼント用にホウソウする。　（　　　）

☐ **09** ドクソウパートの練習を行う。　（　　　）

☐ **10** ドクソウ的な内容が評価される。（　　　）

これも
ねらわれる！

でる度
★ ★ ★
★ ★
★

解答   **解説**

01 (原)　原っぱ＝耕されていない平らな土地。

02 (腹)　腹をかかえる＝おかしくてたまらず大笑いする様子。

03 (視界)　見わたすことができるはんい。

04 (司会)　会の進行を受け持つこと。また、その役。

05 (勤続)　同じ勤め先に勤務し続けること。

06 (金属)　金属元素またはその合金のこと。

07 (放送)　生放送＝その時その場で行われているままを放送すること。

08 (包装)　物を包むこと。

09 (独奏)　一人で楽器をかなでること。

10 (独創)　自分で新しくつくりだすこと。

読み

部首と部首名

筆順・画数

送りがな

音と訓

四字熟語

対義語・類義語

熟語作り

熟語の構成

同じ読みの漢字

書き取り

次の──線のカタカナを漢字になおしなさい。

□ **01** 電力の自由化を<u>スイシン</u>する。　（　　　　）

□ **02** 湖の<u>スイシン</u>を調査する。　（　　　　）

□ **03** 政府が<u>タイサク</u>会議を開く。　（　　　　）

□ **04** この絵は一番の<u>タイサク</u>だ。　（　　　　）

□ **05** <u>コウソウ</u>ビルが建ち並ぶ。　（　　　　）

□ **06** 小説の<u>コウソウ</u>を練る。　（　　　　）

□ **07** 姉と<u>トモ</u>に出かける。　（　　　　）

□ **08** 幼なじみの<u>トモ</u>と再会する。　（　　　　）

□ **09** 伝統的な<u>カンシュウ</u>に従う。　（　　　　）

□ **10** <u>カンシュウ</u>の前で演じる。　（　　　　）

解答

解説

01 （ 推進 ） 物事をおし進めること。

02 （ 水深 ） 川や海などの水の深さ。

03 （ 対策 ） 物事のなりゆきに応じてとる手段や方法。

04 （ 大作 ） すぐれた作品。大規模な作品。

05 （ 高層 ） 高く重なっていること。

06 （ 構想 ） これから行おうとする物事の全体の骨組みや実行の手順。

07 （ 共 ） 共に＝そろって。いっしょに。
他例 供

08 （ 友 ） 親しい人。ともだち。

09 （ 慣習 ） 世の中のならわし。しきたり。

10 （ 観衆 ） （スポーツやしばいなどを見る）大勢の人々。

読み

部首と部首名

筆順・画数

送りがな

音と訓

四字熟語

対義語・類義語

熟語作り

熟語の構成

同じ読みの漢字

書き取り

次の――線のカタカナを漢字になおしなさい。

□ 01 友人と<u>エイガ</u>を見に行く。　　　（　　　　）

□ 02 食べ過ぎて<u>ハラ</u>が痛い。　　　（　　　　）

□ 03 <u>ショウライ</u>は弁護士になりたい。（　　　　）

□ 04 <u>タンニン</u>の先生にしかられる。　（　　　　）

□ 05 森の清らかな香りを<u>ス</u>いこむ。　（　　　　）

□ 06 山中で友人の名を<u>ヨ</u>ぶ。　　　（　　　　）

□ 07 つり糸を<u>タ</u>れてじっと待つ。　　（　　　　）

□ 08 試合は<u>エンチョウ</u>戦に入った。　（　　　　）

□ 09 運動して<u>キンニク</u>をきたえる。　（　　　　）

□ 10 <u>ウラニワ</u>に植えた朝顔がさいた。（　　　　）

解答

01 (映画)

02 (腹)

03 (将来)

04 (担任)

05 (吸)

06 (呼)

07 (垂)

08 (延長)

09 (筋肉)

10 (裏庭)

解説

フィルムを映写機でスクリーンに映し、その動く様子を見せるもの。
他例 映像・反映

体の一部で、胃や腸のある所。おなか。

これから先。行く末。
他例 主将(しゅしょう)

学校などでクラスを受け持つこと。
他例 担当(たんとう)・分担(ぶんたん)・負担(ふたん)

吸いこむ＝吸って中に入れる。吸い入れる。

呼ぶ＝（注意を引くために）声を立てる。

垂れる＝一方が留められたひもなどの、反対のはしが下にさがる。

延長戦(えんちょうせん)＝決められた回数や時間で勝負が決まらない時、さらに延ばして行う試合。
他例 延期(えんき)

体・内臓を形づくり、収縮性によって運動をつかさどる器官。
他例 筋骨(きんこつ)

家の後ろ・裏側にある庭。
他例 裏側(うらがわ)

次の——線のカタカナを漢字になおしなさい。

□ **01** 自動車が<u>コショウ</u>して動かない。（　　　　）

□ **02** <u>コマ</u>っている人に手を貸す。　（　　　　）

□ **03** <u>コンバン</u>のおかずを考える。　（　　　　）

□ **04** 山の<u>イタダキ</u>が夕日に染まる。（　　　　）

□ **05** 物語文を<u>ダンラク</u>で分ける。　（　　　　）

□ **06** 首脳が共同<u>センゲン</u>を発表する。（　　　）

□ **07** こどもは社会の<u>タカラ</u>だ。　（　　　　）

□ **08** 少し休んで<u>コキュウ</u>を整える。（　　　　）

□ **09** 気流が<u>ミダ</u>れる。　　　　　（　　　　）

□ **10** <u>オサナ</u>い弟と公園に行く。　（　　　　）

読み

部首と部首名

筆順・画数

送りがな

音と訓

四字熟語

対義語・類義語

熟語作り

熟語の構成

同じ読みの漢字

書き取り

解答 / **解説**

01 (故障)
機械や体などの機能に異常をきたすこと。
他例 障害

02 (困)
困る=どうしたらよいか、迷いなやむ。

03 (今晩)
今日の晩。今夜。
他例 毎晩

04 (頂)
山などの一番高いところ。
他例 頂く

05 (段落)
長い文章を、内容などによっていくつかに分けた区切りのこと。
他例 階段・手段・段差

06 (宣言)
考えや意見を人々に向かってはっきり表明すること。
他例 宣伝

07 (宝)
めずらしく価値のある品物。かけがえのない物や人。

08 (呼吸)
空気を吸ったりはいたりすること。
他例 吸収

09 (乱)
乱れる=整った状態が失われる。

10 (幼)
幼い=年がゆかない。幼少であること。

次の——線のカタカナを漢字になおしなさい。

□ **01** 道路で遊ぶのは<u>アブ</u>ない。　　（　　　　）

□ **02** 階段から落ちて<u>コッセツ</u>する。　（　　　　）

□ **03** 準備<u>タイソウ</u>をする。　　　　　（　　　　）

□ **04** 開いた<u>キズグチ</u>を消毒する。　　（　　　　）

□ **05** 配布する資料の<u>マイスウ</u>を数える。（　　　　）

□ **06** <u>ザッシ</u>に論文を寄せる。　　　　（　　　　）

□ **07** 問題文に<u>アヤマ</u>りが見つかる。　（　　　　）

□ **08** <u>ユウビンキョク</u>で切手を買う。　（　　　　）

□ **09** 父には<u>キビ</u>しく育てられた。　　（　　　　）

□ **10** <u>ス</u>てられた家電の山を片付ける。（　　　　）

これも
ねらわれる！

でる度 ★★★
★★
★

読み

部首と部首名

筆順・画数

送りがな

音と訓

四字熟語

対義語・類義語

熟語作り

熟語の構成

同じ読みの漢字

書き取り

解答 **解説**

01 (危)
危ない＝危険である。危害を受けそうである。

02 (骨折)
骨が折れること。
[他例] 鉄骨・筋骨

03 (体操)
健康や体力の増強のために行う身体運動。
[他例] 操作・操縦

04 (傷口)
皮ふの破れ目やさけ目。

05 (枚数)
紙・布・板など平たいものを数えるのに用いる語。
[他例] 百枚

06 (雑誌)
色々な読み物や写真・絵などをのせて、定期的に出す本。
[他例] 日誌

07 (誤)
誤り＝まちがい。正しくないこと。

08 (郵便局)
手紙やはがきなどの集配や貯金などの事務を行う機関。

09 (厳)
厳しい＝厳格で容しゃのないさま。物事の程度がはなはだしいさま。

10 (捨)
捨てる＝いらないものとして投げ出す。

次の――線のカタカナを漢字になおしなさい。

□ 01 インド産の**コウチャ**が好きだ。 （　　　　）

□ 02 **イズミ**の水は冷たい。 （　　　　）

□ 03 公園の**スナバ**で遊ぶ。 （　　　　）

□ 04 動物の写真を**テンジ**する。 （　　　　）

□ 05 英語の論文を日本語に**ヤク**す。 （　　　　）

□ 06 意見対立から政党が**ワ**れる。 （　　　　）

□ 07 **ムズカ**しい試験に合格した。 （　　　　）

□ 08 先祖の墓を**オガ**む。 （　　　　）

□ 09 ラジオで詩を**ロウドク**する。 （　　　　）

□ 10 友人が出演する**ゲキ**を見に行く。（　　　　）

解答 **解説**

読み

部首と部首名

筆順・画数

送りがな

音と訓

四字熟語

対義語・類義語

熟語作り

熟語の構成

同じ読みの漢字

書き取り

01 (紅茶)
茶の木の若葉をはっこうさせ、かわかしてつくる茶。
[他例] 紅白（こうはく）

02 (泉)
土の中から自然にわき出る水。また、そのわき出る場所。

03 (砂場)
砂遊びのため、砂を集めた場所。

04 (展示)
品物・作品・資料などを並べて多くの人に見せること。
[他例] 発展・展望・展覧（はってん・てんぼう・てんらん）

05 (訳)
訳す＝ある言語を他の言語に表現しなおすこと。ほん訳。
[他例] 通訳（つうやく）

06 (割)
割れる＝二つ以上になる。分かれる。

07 (難)
難しい＝なしとげにくい。わかりにくい。

08 (拝)
拝む＝神仏などに、てのひらを合わせ、頭を下げていのること。

09 (朗読)
声に出して読むこと。
[他例] 明朗・朗報（めいろう・ろうほう）

10 (劇)
動作とセリフで場面を進めていくもの。しばい。
[他例] 演劇・悲劇（えんげき・ひげき）

次の──線の漢字の読みをひらがなで書きなさい。

□ **01** 問題を様々な角度から<u>検討</u>する。（　　　　）

□ **02** <u>腹</u>の底から声を出す。（　　　　）

□ **03** 切り<u>株</u>にこしかけて休む。（　　　　）

□ **04** 母親から<u>洋裁</u>を学んだ。（　　　　）

□ **05** <u>憲法</u>は国の最高法規だ。（　　　　）

□ **06** 駅前に新しい<u>庁舎</u>が建った。（　　　　）

□ **07** <u>片足</u>だけでバランスをとる。（　　　　）

□ **08** 難民の<u>救済</u>活動をする。（　　　　）

□ **09** 遺伝子の研究に<u>専念</u>する。（　　　　）

□ **10** <u>暖</u>かい毛糸のマフラーを巻く。（　　　　）

読み

部首と部首名

筆順・画数

送りがな

音と訓

四字熟語

対義語・類義語

熟語作り

熟語の構成

同じ読みの漢字

書き取り

解答 **解説**

01 (けんとう)
物事をあらゆる角度からくわしく調べ、考えること。
他例 討論・討議

02 (はら)
体の一部で、胃や腸がある所。おなか。
他例 裏腹

03 (かぶ)
切り株＝木を切った後に地上に残る部分。
他例 株分け

04 (ようさい)
洋服をつくること。
他例 裁断

05 (けんぽう)
国民の権利や義務、国の仕組みを定めた決まり。
他例 立憲・憲章

06 (ちょうしゃ)
役所の建物。
他例 官庁・県庁・気象庁

07 (かたあし)
片方の足。

08 (きゅうさい)
災害・不幸などから人を救うこと。
他例 経済

09 (せんねん)
一つのことに心を集中すること。
他例 専門

10 (あたた)
暖かい＝温度がほどよい高さで気持ちがいい。

次の――線の漢字の読みをひらがなで書きなさい。

□ **01** 戦国時代の<u>武将</u>について調べる。（　　　）

□ **02** お寺で仏様を<u>拝</u>む。　　　　　　（　　　）

□ **03** <u>高層</u>マンションに引っこす。　　（　　　）

□ **04** <u>鉄筋</u>コンクリート造りのビル。　（　　　）

□ **05** ロシア語を日本語に<u>訳</u>す。　　　（　　　）

□ **06** エジプトの<u>秘宝</u>展を見に行く。　（　　　）

□ **07** この布は<u>絹</u>でできている。　　　（　　　）

□ **08** カブトムシの<u>幼虫</u>を育てる。　　（　　　）

□ **09** 授業で生命の<u>尊</u>さを学ぶ。　　　（　　　）

□ **10** 相手との心のきょりが<u>縮</u>まる。　（　　　）

(解答)　(解説)

01 (ぶしょう)
さむらいたちを率いて指図する人。
[他例] 将来・主将

02 (おが)
拝む=神仏などに、てのひらを合わせ、頭を下げていのること。

03 (こうそう)
高く重なっていること。
[他例] 地層

04 (てっきん)
コンクリート建築のしんに入れる鉄の棒。
[他例] 筋肉・筋力・筋骨・腹筋

05 (やく)
訳す=ある言語を他の言語に表現しなおすこと。ほん訳。
[他例] 通訳・英訳

06 (ひほう)
大切にしまってある宝。
[他例] 国宝・宝庫・宝石店

07 (きぬ)
蚕のまゆからつくった糸。または、その糸で織った織物。
[他例] 絹製品

08 (ようちゅう)
こん虫の、ふ化してさなぎになるまでの時期のもの。
[他例] 幼児・幼少

09 (とうと／たっと)
尊さ=大切であること。貴重であること。その度合い。

10 (ちぢ)
縮まる=あるものの形が小さくなる。短くなる。縮小する。

次の――線の漢字の読みをひらがなで書きなさい。

□ 01 選挙で政治改革を主張する。　（　　　）

□ 02 教室の机を移動する。　（　　　）

□ 03 休み時間に鉄棒で遊ぶ。　（　　　）

□ 04 宝探しのイベントに参加する。　（　　　）

□ 05 不景気で賃金がカットされた。　（　　　）

□ 06 新聞で文芸作品を批評する。　（　　　）

□ 07 城のプラモデルをつくる。　（　　　）

□ 08 うわさが混乱を招く。　（　　　）

□ 09 傷は深いが命は助かった。　（　　　）

□ 10 調査資料を提供する。　（　　　）

合格点
7/10

得点
/10

ここまで
がんばろう！

でる度
★★★
★★
★

解答

解説

01 (かいかく)

やり方や決まりをよりよいものにすること。
他例 沿革(えんかく)・革命(かくめい)

02 (つくえ)

本を読んだり字を書いたりするための台。

03 (てつぼう)

二本の柱に鉄の棒をわたした器械体操用の道具。
他例 心棒(しんぼう)・棒読(ぼうよ)み

04 (たから)

めずらしく価値のある品物。かけがえのない物や人。

05 (ちんぎん)

働いた代わりに受け取るお金。
他例 運賃(うんちん)

06 (ひひょう)

物事のよい悪いを見わけて意見を言うこと。
他例 批判(ひはん)

07 (しろ)

敵を防ぐために築いたがんじょうな建造物。

08 (こんらん)

まとまりがなく、入り乱れること。
他例 乱雑(らんざつ)・散乱(さんらん)

09 (きず)

切ったり打ったりして、皮ふや筋肉などがさけたり破けたりした部分。

10 (ていきょう)

人の役に立てるために差し出すこと。

読み

部首と部首名

筆順・画数

送りがな

音と訓

四字熟語

対義語・類義語

熟語作り

熟語の構成

同じ読みの漢字

書き取り

次の――線の漢字の読みをひらがなで書きなさい。

□ **01** 弟と砂場で遊ぶ。　　　　　　（　　　　）

□ **02** 縮尺率からきょりを逆算する。　（　　　　）

□ **03** 山頂で大きく息を吸う。　　　　（　　　　）

□ **04** かれは誠実な人だ。　　　　　　（　　　　）

□ **05** 糖分の取り過ぎに注意する。　　（　　　　）

□ **06** 先祖の墓に花を供える。　　　　（　　　　）

□ **07** 芸術的な映像作品を見に行く。　（　　　　）

□ **08** 各党首を集め討論会が開かれた。（　　　　）

□ **09** 心臓マッサージの方法を習う。　（　　　　）

□ **10** カエルの形の灰皿を買う。　　　（　　　　）

解答 | 解説

01 (すなば)　砂遊びのため、砂を集めた場所。

02 (しゅくしゃく)　実物を縮小して図をかくこと。
他例 尺八・尺度

03 (す)　吸う＝気体や液体を、鼻や口から体に取りこむこと。

04 (せいじつ)　まじめで心のこもっていること。

05 (とうぶん)　食べ物にふくまれている糖類の成分。
他例 砂糖

06 (そな)　供える＝神仏などの前に物をささげる。

07 (えいぞう)　映画やテレビの画面に映し出された画像。
他例 放映

08 (とうしゅ)　政党などの最高責任者。
他例 政党

09 (しんぞう)　全身の血液じゅんかん系の原動力である器官。
他例 臓器

10 (はいざら)　たばこの灰や吸いがらなどを入れるうつわ。

読み

部首と部首名

筆順・画数

送りがな

音と訓

四字熟語

対義語・類義語

熟語作り

熟語の構成

同じ読みの漢字

書き取り

次の漢字の部首と部首名を下の□の中から選び、
記号で答えなさい。

□ 01 著 〔　　〕（部首）（部首名　　）

□ 02 宗 〔　　〕（　　）

□ 03 枚 〔　　〕（　　）

□ 04 糖 〔　　〕（　　）

□ 05 欲 〔　　〕（　　）

□ 06 泉 〔　　〕（　　）

□ 07 届 〔　　〕（　　）

□ 08 担 〔　　〕（　　）

あ 扌　い 广　う 艹　え 欠　お 尸　か 白　き 木
く 示　け 宀　こ 水　さ 夂　し 日　す 谷　せ 米

ア みず　イ まだれ　ウ かばね・しかばね　エ しろ
オ くさかんむり　カ たに　キ あくび・かける　ク ひ
ケ てへん　コ うかんむり　サ こめへん
シ しめす　ス のぶん・ぼくづくり　セ きへん

ここまで
がんばろう！

でる度 ★★★
★★
★

解 答

01 〔う〕艹
(オ) くさかんむり

02 〔け〕宀
(コ) うかんむり

03 〔き〕木
(セ) きへん

04 〔せ〕米
(サ) こめへん

05 〔え〕欠
(キ) あくび・かける

06 〔こ〕水
(ア) みず

07 〔お〕尸
(ウ) かばね・しかばね

08 〔あ〕扌
(ケ) てへん

解 説

他例 蔵・蒸・若・菜・芸

他例 宣・宇・審・宅・宝

他例 模・樹・機・机・権
注意 攵（ぼくづくり）ではない。

他例 出題はんいでは、糖・精・粉のみ。

他例 出題はんいでは、欲・欠・次・歌のみ。

他例 他に永・氷・求・水のみ。

他例 層・展・尺・属・居

他例 探・揮・操・拝・拡

読み

部首と部首名

筆順・画数

送りがな

音と訓

四字熟語

対義語・類義語

熟語作り

熟語の構成

同じ読みの漢字

書き取り

よく考えて
みよう！

次の漢字の部首と部首名を下の□□の中から選び、
記号で答えなさい。

□ 01 誌 〔　　　〕（部首名　　　）

□ 02 筋 〔　　　〕（　　　）

□ 03 臓 〔　　　〕（　　　）

□ 04 縮 〔　　　〕（　　　）

□ 05 激 〔　　　〕（　　　）

□ 06 推 〔　　　〕（　　　）

□ 07 覧 〔　　　〕（　　　）

□ 08 冊 〔　　　〕（　　　）

あ 心　い 言　う 攵　え 月　お 艹　か 見　き 氵
く ⺮　け 隹　こ 力　さ 冂　し 糸　す 扌　せ 臣

ア ちから　イ どうがまえ・けいがまえ・まきがまえ
ウ くさかんむり　エ たけかんむり　オ みる　カ いとへん
キ ふるとり　ク てへん　ケ のぶん・ぼくづくり　コ しん
サ ごんべん　シ にくづき　ス さんずい　セ こころ

解答 / 解説

01 〔い〕言
(サ) ごんべん

他例 誕・認・討・訪・論

02 〔く〕⺮
(エ) たけかんむり

他例 簡・策・築・節・笑

03 〔え〕月
(シ) にくづき

他例 肺・胸・脳・腹・肥

04 〔し〕糸
(カ) いとへん

他例 絹・紅・縦・純・納

05 〔き〕氵
(ス) さんずい

他例 潮・洗・済・派・源

06 〔す〕扌
(ク) てへん

他例 捨・批・提・損・接

07 〔か〕見
(オ) みる

他例 視・規・観・覚・親

08 〔さ〕囗
(イ) どうがまえ・けいがまえ・まきがまえ

他例 出題はんいでは、冊・再・円のみ。

読み

部首と部首名

筆順・画数

送りがな

音と訓

四字熟語

対義語・類義語

熟語作り

熟語の構成

同じ読みの漢字

書き取り

よく考えて
みよう！

でる度 ★★★ 筆順・画数 ❶

次の漢字の赤い画のところは筆順の何画目か、
また総画数は何画か、算用数字 (1・2…) で答えなさい。

□ 01 認 （ 何画目 ） 〔 総画数 〕

□ 02 宝 （ ） 〔 〕

□ 03 臨 （ ） 〔 〕

□ 04 憲 （ ） 〔 〕

□ 05 吸 （ ） 〔 〕

□ 06 論 （ ） 〔 〕

□ 07 障 （ ） 〔 〕

□ 08 后 （ ） 〔 〕

□ 09 至 （ ） 〔 〕

□ 10 誤 （ ） 〔 〕

解答

何画目 ・ 総画数

01 （10）〔14〕

刃は3画で書く。

認 認 認 認 認 認 認 認
2　7　8　9　10　11　12　14

02 （6）〔8〕

玉・王は横・縦・横・横の順に書く。

宝 宝 宝 宝 宝 宝 宝 宝
1　2　3　4　5　6　7　8

03 （2）〔18〕

臣は縦・横のくり返しで書く。

臨 臨 臨 臨 臨 臨 臨 臨
1　2　3　4　5　6　10　18

04 （5）〔16〕

5画目が縦画になることに注意。

憲 憲 憲 憲 憲 憲 憲 憲
3　4　5　6　9　12　14　16

05 （4）〔6〕

及は左のはらいから書く。

吸 吸 吸 吸 吸 吸
1　2　3　4　5　6

06 （13）〔15〕

横画と縦画が交わる時は横画が先。

論 論 論 論 論 論 論 論
6　7　8　9　11　12　13　15

07 （8）〔14〕

阝は3画で書く。

障 障 障 障 障 障 障 障
1　2　3　4　8　9　13　14

08 （3）〔6〕

厂は2画で書く。

后 后 后 后 后 后
1　2　3　4　5　6

09 （4）〔6〕

ム は2画で書く。

至 至 至 至 至 至
1　2　3　4　5　6

10 （12）〔14〕

呉の筆順に注意。

誤 誤 誤 誤 誤 誤 誤 誤
6　8　9　10　11　12　13　14

読み

部首と部首名

筆順・画数

送りがな

音と訓

四字熟語

対義語・類義語

熟語作り

熟語の構成

同じ読みの漢字

書き取り

筆順・画数 2

次の漢字の赤い画のところは筆順の何画目か、
また総画数は何画か、算用数字（1・2…）で答えなさい。

□ 01 裏 （ 何画目 ）〔 総画数 〕

□ 02 済 （ ）〔 〕

□ 03 看 （ ）〔 〕

□ 04 訳 （ ）〔 〕

□ 05 胸 （ ）〔 〕

□ 06 貴 （ ）〔 〕

□ 07 除 （ ）〔 〕

□ 08 呼 （ ）〔 〕

□ 09 詞 （ ）〔 〕

□ 10 域 （ ）〔 〕

解答　　　解説

	何画目	総画数	

01 （ 7 ）〔13〕

里は横画2本を最後に書く。

广 卢 审 审 重 重 裏 裏
3　6　7　8　9　10　11　13

02 （ 9 ）〔11〕

8画目からは、左から右へ書く。

氵 氵 汀 泞 浐 済 済 済
3　5　6　7　8　9　10　11

03 （ 4 ）〔 9 〕

左はらい、横画二本を書いてからはらう。

一 二 手 看 看 看 看 看
2　3　4　5　6　7　8　9

04 （ 8 ）〔11〕

尺の筆順に注意。

言 言 言 言 訳 訳 訳 訳
4　5　6　7　8　9　10　11

05 （ 7 ）〔10〕

勹などの囲む形は先に書く。

丿 月 月 肑 肑 胸 胸 胸
1　3　6　7　8　9　10

06 （ 5 ）〔12〕

上部は横画を最後に書く。

丶 丶 中 中 串 串 貴 貴
1　2　3　4　5　7　9　12

07 （ 8 ）〔10〕

阝は3画で書く。

フ 了 阝 阝 阼 除 除 除
1　2　3　4　6　7　8　10

08 （ 7 ）〔 8 〕

乎の筆順に注意。

丶 丶 口 口 叮 吖 呼 呼
1　2　3　4　5　6　7　8

09 （ 9 ）〔12〕

囲む形は外側の囲みが先。

言 言 言 訒 訒 訒 詞 詞
3　6　7　8　9　10　11　12

10 （ 8 ）〔11〕

或の筆順に注意。

十 土 圹 圹 圻 域 域 域
2　3　4　6　8　9　10　11

読み

部首と部首名

筆順・画数

送りがな

音と訓

四字熟語

対義語・類義語

熟語作り

熟語の構成

同じ読みの漢字

書き取り

次の――線のカタカナの部分を漢字一字と
送りがな（ひらがな）になおしなさい。

□ **01** 自己最高タイムをさらに**チヂメル**。（　　　　　）

□ **02** 飲酒運転を**キビシク**取りしまる。（　　　　　）

□ **03** 友人の家を**タズネル**。　　　　　（　　　　　）

□ **04** エネルギー政策を**アヤマル**。　　（　　　　　）

□ **05** 服装の**ミダレ**を注意する。　　　（　　　　　）

□ **06** 父の経営する会社に**ツトメル**。　（　　　　　）

□ **07** 夜の食事を簡単に**スマス**。　　　（　　　　　）

□ **08** 雲が夕日に**ソマル**。　　　　　　（　　　　　）

□ **09** 木の上からロープを**タラス**。　　（　　　　　）

□ **10** 友人のために勇気を**フルウ**。　　（　　　　　）

解答

解説

01 (縮める)

短くする。短縮する。

02 (厳しく)

厳しい＝厳格で容しゃのないさま。程度がはなはだしいさま。

03 (訪ねる)

人に会うためにその居場所に行く。訪問する。

04 (誤る)

物事をやりそこなう。まちがえる。失敗する。

05 (乱れ)

整っていないこと。まとまっていないこと。

06 (勤める)

会社や役所などにやとわれて働くこと。

07 (済ます)

物事をしとげる。終える。

08 (染まる)

光のぐあいなどで、あたりの色が変わる。

09 (垂らす)

ぶら下げる。垂れ下げる。

10 (奮う)

勇み立たせる。気力をさかんにする。

読み

部首と部首名

筆順・画数

送りがな

音と訓

四字熟語

対義語・類義語

熟語作り

熟語の構成

同じ読みの漢字

書き取り

次の──線のカタカナの部分を漢字一字と
送りがな（ひらがな）になおしなさい。

□ **01** 風が出てきたので窓をシメル。 （　　　）

□ **02** どうしていいかコマリ果てる。 （　　　）

□ **03** ワカイ選手と世代交代する。 （　　　）

□ **04** ワスレ物がないか確認する。 （　　　）

□ **05** 鏡に自分の姿がウツル。 （　　　）

□ **06** 師をウヤマイ、礼をつくす。 （　　　）

□ **07** 雪をイタダイた山々をながめる。（　　　）

□ **08** 証言がウタガワシイ。 （　　　）

□ **09** 虫歯がしくしくとイタム。 （　　　）

□ **10** 言葉をオギナッて説明する。 （　　　）

解答 / 解説

01 (閉める) あいていた空間をとじる。

02 (困り) 困り果てる＝これ以上困りようがないほどに困る。

03 (若い) 生まれてから年月がたっていない。

04 (忘れ) 忘れ物＝持っていくはずの物をうっかり置いたままにしてしまうこと。また、その物。

05 (映る) 鏡・水面・障子などに物の姿やかげなどが現れること。

06 (敬い) 敬う＝相手を尊んで礼をつくす。尊敬する。

07 (頂い) 頂く＝頭にのせる。かぶる。

08 (疑わしい) 本当かどうか信じられない。あやしい。

09 (痛む) 体に痛みを感じる。

10 (補っ) 補う＝不足していたり、欠けたりしている部分を付け足すこと。

漢字の読みには音と訓がある。次の熟語の読みは
□の中のどの組み合わせか、記号で答えなさい。

ア 音と音　イ 音と訓　ウ 訓と訓　エ 訓と音

□ 01 味方 （　　　）

□ 02 係長 （　　　）

□ 03 誤答 （　　　）

□ 04 出窓 （　　　）

□ 05 客足 （　　　）

□ 06 誠意 （　　　）

□ 07 潮風 （　　　）

□ 08 手配 （　　　）

□ 09 星座 （　　　）

□ 10 王様 （　　　）

合格点	得点
7/10	/10

ここまで
がんばろう！

でる度 ★★★
★★
★

よく考えて
みよう！

解答 / 解説

01 （ イ ）　ミ音+かた訓

02 （ エ ）　かかり訓+チョウ音　他例 係員

03 （ ア ）　ゴ音+トウ音

04 （ ウ ）　で訓+まど訓

05 （ イ ）　キャク音+あし訓

06 （ ア ）　セイ音+イ音

07 （ ウ ）　しお訓+かぜ訓

08 （ エ ）　て訓+ハイ音　他例 手製・手帳・手順

09 （ ア ）　セイ音+ザ音

10 （ イ ）　オウ音+さま訓

漢字の読みには音と訓がある。次の熟語の読みは
□の中のどの組み合わせか、記号で答えなさい。

| ア 音と音　イ 音と訓　ウ 訓と訓　エ 訓と音 |

□ 01 毛穴 （　　　）

□ 02 同盟 （　　　）

□ 03 茶柱 （　　　）

□ 04 仏様 （　　　）

□ 05 石段 （　　　）

□ 06 穀類 （　　　）

□ 07 図星 （　　　）

□ 08 親分 （　　　）

□ 09 背骨 （　　　）

□ 10 土手 （　　　）

よく考えて
みよう！

	解答	解説
01	（ ウ ）	け訓＋あな訓　他例 節穴
02	（ ア ）	ドウ音＋メイ音
03	（ イ ）	チャ音＋ばしら訓　他例 茶色
04	（ ウ ）	ほとけ訓＋さま訓
05	（ エ ）	いし訓＋ダン音　他例 値段
06	（ ア ）	コク音＋ルイ音
07	（ イ ）	ズ音＋ぼし訓
08	（ エ ）	おや訓＋ブン音　他例 身分
09	（ ウ ）	せ訓＋ぼね訓　他例 背中
10	（ イ ）	ド音＋て訓

読み
部首と部首名
筆順・画数
送りがな
音と訓
四字熟語
対義語・類義語
熟語作り
熟語の構成
同じ読みの漢字
書き取り

177

漢字の読みには音と訓がある。次の熟語の読みは
□ の中のどの組み合わせか、記号で答えなさい。

| ア 音と音　イ 音と訓　ウ 訓と訓　エ 訓と音 |

□ 01 無口（　　）

□ 02 郷里（　　）

□ 03 麦茶（　　）

□ 04 縦笛（　　）

□ 05 規律（　　）

□ 06 湯気（　　）

□ 07 新顔（　　）

□ 08 並木（　　）

□ 09 軍手（　　）

□ 10 補助（　　）

よく考えて
みよう！

読み

部首と部首名

筆順・画数

送りがな

音と訓

四字熟語

対義語・類義語

熟語作り

熟語の構成

同じ読みの漢字

書き取り

解答 | **解説**

01 （ イ ）　ム音+くち訓

02 （ ア ）　キョウ音+リ音　他例 郷土（キョウド）

03 （ エ ）　むぎ訓+チャ音

04 （ ウ ）　たて訓+ぶえ訓　他例 縦糸（たていと）

05 （ ア ）　キ音+リツ音

06 （ エ ）　ゆ訓+ゲ音　他例 湯茶（ゆチャ）・若気（わかゲ）・弱気（よわキ）

07 （ イ ）　シン音+がお訓

08 （ ウ ）　なみ訓+き訓　他例 植木（うえき）

09 （ イ ）　グン音+て訓　他例 土手（ドて）

10 （ ア ）　ホ音+ジョ音

次の( )のカタカナを漢字になおし、一字だけ書きなさい。

□ 01 国際親（ ゼン ）

□ 02 自（ コ ）満足

□ 03 永久保（ ゾン ）

□ 04 問題（ ショ ）理

□ 05 時間（ ゲン ）守

□ 06 安全（ ソウ ）置

□ 07 信号無（ シ ）

□ 08 完全無（ ケツ ）

□ 09 国民主（ ケン ）

□ 10 南極（ タン ）検

解答 / 解説

01 国際親（**善**）　国同士が友好を深めること。

02 自（**己**）満足　自分の行いに自分で満足すること。

03 永久保（**存**）　いつまでもとっておくこと。

04 問題（**処**）理　問題に始末をつけること。

05 時間（**厳**）守　時間をきちんと守ること。

06 安全（**装**）置　危険を防止するための設備。

07 信号無（**視**）　信号機の信号通りの通行を行わないこと。

08 完全無（**欠**）　完全でまったく欠点や不足がないこと。

09 国民主（**権**）　国家の主権が国民にあること。

10 南極（**探**）検　南極を探検すること。

次の（　）のカタカナを漢字になおし、一字だけ書きなさい。

□ 01 人気絶（チョウ）

□ 02 精（ミツ）機械

□ 03 （タク）地造成

□ 04 暴風（ケイ）報

□ 05 人員点（コ）

□ 06 （ジョウ）気機関

□ 07 水玉（モ）様

□ 08 温（ダン）前線

□ 09 人間国（ホウ）

□ 10 発車時（コク）

解答 / 解説

01 人気絶(頂)

人気が最高の状態であること。

02 精(密)機械

複雑な仕組みで誤差が少ない機械。

03 (宅)地造成

住宅地を新しくつくりあげること。

04 暴風(警)報

強風による危険がせまった時、人々に注意をうながすために出す知らせ。

05 人員点(呼)

一人一人名前を呼んで、人数を調べること。

06 (蒸)気機関

水蒸気の力でピストンを動かし、物を動かす力を得る機関。

07 水玉(模)様

水のしずくのような模様。

08 温(暖)前線

暖気団が寒気団の上にはい上がるときに発生する前線。近づくと雨が降り、通過すると気温が上がる。

09 人間国(宝)

国が指定した重要無形文化財保持者のこと。

10 発車時(刻)

電車やバスなどが出発する時刻。

次の( )のカタカナを漢字になおし、一字だけ書きなさい。

□ 01 私利私 (ヨク)

□ 02 (イ) 口同音

□ 03 独立 (セン) 言

□ 04 書留 (ユウ) 便

□ 05 (ヒ) 密文書

□ 06 (シュウ) 職活動

□ 07 高 (ソウ) 住宅

□ 08 (ジョ) 雪作業

□ 09 森林資 (ゲン)

□ 10 団体 (ワリ) 引

解答　**解説**

読み

部首と部首名

筆順・画数

送りがな

音と訓

四字熟語

対義語・類義語

熟語作り

熟語の構成

同じ読みの漢字

書き取り

01 私利私（欲）
しりしよく

自分だけの利益や欲望。

02 （異）口同音
いくどうおん

多くの人が同じ意見を言うこと。

03 独立（宣）言
どくりつせんげん

他国の支配や干しょうを受けない国を建てると表明すること。

04 書留（郵）便
かきとめゆうびん

受付から配達までの過程を記録して、明確にする郵便。

05 （秘）密文書
ひみつぶんしょ

他の人に見せてはいけない書類。

06 （就）職活動
しゅうしょくかつどう

希望する会社・職種の試験を受けるなど、職につくために行う活動のこと。

07 高（層）住宅
こうそうじゅうたく

高く階層が重なった家。

08 （除）雪作業
じょせつさぎょう

降り積もった雪を取り除くこと。

09 森林資（源）
しんりんしげん

木材など森林からとれる資源。

10 団体（割）引
だんたいわりびき

団体で利用することで額が安くなること。

右の□の中のひらがなを一度だけ使って漢字に
なおし一字記入して対義語・類義語を作りなさい。

対義語

□ 01 公開 ―（　　）密

□ 02 発散 ―（　　）収

□ 03 尊重 ― 無（　　）

□ 04 正常 ―（　　）常

□ 05 悪意 ―（　　）意

類義語

□ 06 方法 ― 方（　　）

□ 07 保管 ― 保（　　）

□ 08 同意 ―（　　）成

□ 09 任務 ― 役（　　）

□ 10 刊行 ― 出（　　）

| い |
| きゅう |
| さく |
| さん |
| し |
| ぜん |
| ぞん |
| ぱん |
| ひ |
| わり |

合格点	得点
7/10	/10

ここまで
がんばろう！

読み

部首と部首名

筆順・画数

送りがな

音と訓

四字熟語

対義語・類義語

熟語作り

熟語の構成

同じ読みの漢字

書き取り

解答

解説

01 （ 秘 ）密

公開＝だれにでも開放すること。
秘密＝ほかの人に知らせないこと。
他例 公然―秘密

02 （ 吸 ）収

発散＝外に散らばって広がること。
吸収＝吸い取ること。取り入れること。

03 無（ 視 ）

尊重＝尊んで大切にすること。
無視＝あるのに、ないようにあつかうこと。

04 （ 異 ）常

正常＝正しくふつうであること。
異常＝ふつうとちがっていること。

05 （ 善 ）意

悪意＝人に悪いことをしようとする心。
善意＝人のためを思う心。

06 方（ 策 ）

方法＝目的をとげるための手だて。
方策＝やり方。手段。
他例 手段―方策

07 保（ 存 ）

保管＝あずかって大切に管理すること。
保存＝そのままの状態を保っておくこと。

08 （ 賛 ）成

同意＝他人の意見に賛成すること。
賛成＝他人の意見を認めて聞き入れること。

09 役（ 割 ）

任務＝責任を持って果たすべきつとめ。
役割＝それぞれ受け持ったり、割り当てられたりした役目。

10 出（ 版 ）

刊行＝本などをつくって世に出すこと。
出版＝本などを印刷して売り出すこと。

右の□の中のひらがなを一度だけ使って漢字に
なおし一字記入して対義語・類義語を作りなさい。

対義語

□ 01 短縮 ―（　　）長

□ 02 開館 ―（　　）館

□ 03 表側 ―（　　）側

□ 04 満潮 ―（　　）潮

□ 05 子孫 ―（　　）先

類義語

□ 06 役者 ―（　　）優

□ 07 大切 ―（　　）重

□ 08 設立 ―（　　）立

□ 09 大木 ― 大（　　）

□ 10 批評 ― 批（　　）

うら
えん
かん
き
じゅ
そ
そう
はい
はん
へい

解答 | 解説

読み

部首と部首名

筆順・画数

送りがな

音と訓

四字熟語

対義語・類義語

熟語作り

熟語の構成

同じ読みの漢字

書き取り

01 （ 延 ）長
えん ちょう

短縮＝短くすること。縮めること。
延長＝時間や長さを延ばすこと。

02 （ 閉 ）館
へい かん

開館＝しせつの業務を始めること。
閉館＝しせつを閉めて業務を終えること。

03 （ 裏 ）側
うら がわ

表側＝表のほう。表面。
裏側＝裏のほう。裏面。背面。

04 （ 干 ）潮
かん ちょう

満潮＝海の水位がその日で一番高くなること。満ち潮。
干潮＝海の水位が低くなること。引き潮。

05 （ 祖 ）先
そ せん

子孫＝祖先から血筋がつながっている人。
祖先＝その家系の一番はじめの人。また、今の代より前の人々。

06 （ 俳 ）優
はい ゆう

役者＝演劇などを演じる人。
俳優＝劇・映画などで演技を仕事とする人。

07 （ 貴 ）重
き ちょう

大切＝重要なこと。
貴重＝価値が高くとても大切であること。

08 （ 創 ）立
そう りつ

設立＝組織や制度を新しくつくること。
創立＝学校・会社などを初めてつくること。

09 大（ 樹 ）
たい じゅ

大木＝大きな木。
大樹＝大きな木。

10 批（ 判 ）
ひ はん

批評＝物事のよい悪いなどを見わけて意見を言うこと。
批判＝物事の欠点を指てきすること。

それぞれ下の□□の中から漢字を選び、次の意味に
あてはまる熟語を作り、記号で答えなさい。

□ **01** 注意するよう事前に知らせること。(・)

□ **02** けがをすること。 (・)

□ **03** 借りたお金や物をかえすこと。 (・)

□ **04** 死後に残された価値のあるもの。 (・)

□ **05** 生まれ育った土地。ふるさと。 (・)

ア 返	イ 者	ウ 傷	エ 遺	オ 告	カ 産
キ 郷	ク 負	ケ 済	コ 話	サ 警	シ 里

□ **06** 計り知れない不思議なこと。 (・)

□ **07** きびしく、誤りを許さないさま。 (・)

□ **08** 勇気をふるいおこすこと。 (・)

□ **09** 物事が始まること。 (・)

□ **10** こみいっていない様子。 (・)

ア 読	イ 神	ウ 書	エ 幕	オ 秘	カ 厳
キ 純	ク 起	ケ 単	コ 格	サ 奮	シ 開

ここまで
がんばろう！

でる度 ★★★
★★
★

解答

01 (サ・オ)

解説

警告 けいこく 警＝いましめる。用心させる。
告＝知らせる。告げる。

02 (ク・ウ)

負傷 ふしょう 負＝うける。負う。
傷＝きず。

03 (ア・ケ)

返済 へんさい 返＝かえす。元にもどす。
済＝すます。終りょうする。

04 (エ・カ)

遺産 いさん 遺＝あとに残す。
産＝財産。資産。

05 (キ・シ)

郷里 きょうり 郷＝ふるさと。いなか。
里＝ふるさと。

解答

06 (イ・オ)

解説

神秘 しんぴ 神＝神のような。
秘＝人知では計り知れない。

07 (カ・コ)

厳格 げんかく 厳＝きびしい。
格＝正しくする。

08 (サ・ク)

奮起 ふんき 奮＝ふるいたつ。
起＝おこす。ふるいたたせる。

09 (シ・エ)

開幕 かいまく 開＝始める。始まる。
幕＝ぶたいの前に垂らす布。

10 (ケ・キ)

単純 たんじゅん 単＝一つ。
純＝まじりけがない。

四字熟語

対義語・類義語

熟語作り

熟語の構成

同じ読みの漢字

書き取り

よく考えて
みよう！

それぞれ下の□□の中から漢字を選び、次の意味に
あてはまる熟語を作り、記号で答えなさい。

□ **01** 意見を述べ合うこと。　　　　　（　・　）

□ **02** 液体が気体になる現象。　　　　（　・　）

□ **03** 人や物を一定の所に入れること。（　・　）

□ **04** おなじ学校で学んだ人。　　　　（　・　）

□ **05** 光などがはねかえること。　　　（　・　）

ア 同	イ 議	ウ 蒸	エ 容	オ 反	カ 決
キ 発	ク 心	ケ 射	コ 収	サ 窓	シ 討

□ **06** 人や機械を思うままに動かすこと。（　・　）

□ **07** 学業などがまだ不十分なさま。　（　・　）

□ **08** 足りない場合に備えておく人員。（　・　）

□ **09** 年配の人をうやまうこと。　　　（　・　）

□ **10** 主食とする米・麦・豆などの作物。（　・　）

ア 縦	イ 穀	ウ 老	エ 体	オ 熟	カ 補
キ 身	ク 未	ケ 敬	コ 欠	サ 物	シ 操

ここまで
がんばろう！

解答

01 （ シ・イ ）

02 （ ウ・キ ）

03 （ コ・エ ）

04 （ ア・サ ）

05 （ オ・ケ ）

解説

討議　討＝ことばで追求する。
　　　議＝論じる。議論。

蒸発　蒸＝蒸気が立ちのぼる。
　　　発＝発生する。

収容　収＝おさめ入れる。
　　　容＝おさめる。

同窓　同＝おなじ。いっしょに。
　　　窓＝まどのある勉強をする部屋。

反射　反＝かえってくる。
　　　射＝勢いよく発する。

解答

06 （ シ・ア ）

07 （ ク・オ ）

08 （ カ・コ ）

09 （ ケ・ウ ）

10 （ イ・サ ）

解説

操縦　操＝あやつる。つかいこなす。
　　　縦＝思うとおりにする。

未熟　未＝まだ〜ない。
　　　熟＝十分な状態になること。

補欠　補＝おぎなう。たす。
　　　欠＝たりない。不足。

敬老　敬＝うやまう。まごころをつくす。
　　　老＝老人。年配の人。

穀物　穀＝主食にする米・麦・きび・あわ・豆などのこと。
　　　物＝もの。

よく考えて
みよう！

熟語の構成のしかたには次のようなものがある。

> ア 反対や対になる意味の字を組み合わせたもの。(**強弱**)
> イ 同じような意味の字を組み合わせたもの。(**身体**)
> ウ 上の字が下の字の意味を説明(修飾)しているもの。(**会員**)
> エ 下の字から上の字へ返って読むと意味がよくわかるもの。(**消火**)

次の熟語は、上のどれにあたるか、記号で答えなさい。

□ **01** 水源 (　　　)

□ **02** 禁止 (　　　)

□ **03** 往復 (　　　)

□ **04** 順延 (　　　)

□ **05** 帰郷 (　　　)

□ **06** 因果 (　　　)

□ **07** 閉幕 (　　　)

□ **08** 翌日 (　　　)

□ **09** 植樹 (　　　)

□ **10** 破損 (　　　)

合格点	得点
7/10	/10

ここまでがんばろう！

でる度 ★★★ ★★ ★

よく考えてみよう！

解答 / 解説

01 （ ウ ）　水源　「水の → みなもと」と考える。

02 （ イ ）　禁止　どちらも「とめる」の意味。

03 （ ア ）　往復　「行く」←→「帰る」と考える。

04 （ ウ ）　順延　「順に → 延ばす」と考える。

05 （ エ ）　帰郷　「帰る ← 故郷に」と考える。

06 （ ア ）　因果　「原因」←→「結果」と考える。

07 （ エ ）　閉幕　「閉じる ← 幕を」と考える。

08 （ ウ ）　翌日　「次の → 日」と考える。

09 （ エ ）　植樹　「植える ← 樹木を」と考える。

10 （ イ ）　破損　どちらも「こわれる」の意味。

熟語の構成のしかたには次のようなものがある。

> ア 反対や対になる意味の字を組み合わせたもの。(**強弱**)
> イ 同じような意味の字を組み合わせたもの。(**身体**)
> ウ 上の字が下の字の意味を説明 (修飾) しているもの。(**会員**)
> エ 下の字から上の字へ返って読むと意味がよくわかるもの。(**消火**)

次の熟語は、上のどれにあたるか、記号で答えなさい。

□ 01 停止 (　　　)

□ 02 収支 (　　　)

□ 03 善意 (　　　)

□ 04 胸中 (　　　)

□ 05 納税 (　　　)

□ 06 永久 (　　　)

□ 07 降車 (　　　)

□ 08 厳守 (　　　)

□ 09 建築 (　　　)

□ 10 損益 (　　　)

合格点	得点
7/10	/10

よく考えて
みよう！

読み

部首と部首名

筆順・画数

送りがな

音と訓

四字熟語

対義語・類義語

熟語作り

熟語の構成

同じ読みの漢字

書き取り

解答 　　　　　　解説

01 （ イ ）　停止　どちらも「とまる」の意味。

02 （ ア ）　収支　「収入」⟷「支出」と考える。

03 （ ウ ）　善意　「善い→心」と考える。

04 （ ウ ）　胸中　「胸の→うち」と考える。

05 （ エ ）　納税　「納める←税を」と考える。

06 （ イ ）　永久　どちらも「ながい間」の意味。

07 （ エ ）　降車　「降りる←車を」と考える。

08 （ ウ ）　厳守　「厳しく→守る」と考える。

09 （ イ ）　建築　どちらも「たてる」の意味。

10 （ ア ）　損益　「損失」⟷「利益」と考える。

熟語の構成のしかたには次のようなものがある。

> ア 反対や対になる意味の字を組み合わせたもの。(**強弱**)
> イ 同じような意味の字を組み合わせたもの。(**身体**)
> ウ 上の字が下の字の意味を説明(修飾)しているもの。(**会員**)
> エ 下の字から上の字へ返って読むと意味がよくわかるもの。(**消火**)

次の熟語は、上のどれにあたるか、記号で答えなさい。

□ 01 防災 (　　　)

□ 02 正誤 (　　　)

□ 03 敬意 (　　　)

□ 04 従事 (　　　)

□ 05 精密 (　　　)

□ 06 断続 (　　　)

□ 07 悲劇 (　　　)

□ 08 復旧 (　　　)

□ 09 紅茶 (　　　)

□ 10 拝礼 (　　　)

合格点	得点
7/10	/10

ここまで
がんばろう！

でる度 ★★★
★★
★

よく考えて
みよう！

読み

部首と部首名

筆順・画数

送りがな

音と訓

四字熟語

対義語・類義語

熟語作り

熟語の構成

同じ読みの漢字

書き取り

解答　　　　　　　　解説

01 （ エ ）　防災　「防ぐ ← 災害を」と考える。

02 （ ア ）　正誤　「正しい」⟷「誤り」と考える。

03 （ ウ ）　敬意　「敬う → 心」と考える。

04 （ エ ）　従事　「たずさわる ← 事に」と考える。

05 （ イ ）　精密　どちらも「こまかい」の意味。

06 （ ア ）　断続　「たちきる」⟷「続く」と考える。

07 （ ウ ）　悲劇　「悲しい → 劇」と考える。

08 （ エ ）　復旧　「復元する ← もとのように」と考える。

09 （ ウ ）　紅茶　「紅色の → お茶」と考える。

10 （ イ ）　拝礼　どちらも「おじぎをする」の意味。

199

次の──線のカタカナを漢字になおしなさい。

□ **01** コテンを通して日本文化を知る。（　　　　）

□ **02** 好きな画家のコテンを見に行く。（　　　　）

□ **03** 魚をカコウしてちくわをつくる。（　　　　）

□ **04** カコウから源流へとさかのぼる。（　　　　）

□ **05** 店内を明るくカイソウする。　　（　　　　）

□ **06** カイソウ列車には乗車できない。（　　　　）

□ **07** 実験がサイシュウ段階に進む。　（　　　　）

□ **08** こん虫サイシュウがしゅみだ。　（　　　　）

□ **09** 試合を前に体調管理にツトめる。（　　　　）

□ **10** 知事の職をツトめる。　　　　　（　　　　）

解答 / 解説

01 (古典)

多くの人に読みつがれ、今も価値がある
とされている昔の書物。

02 (個展)

一人だけの作品を並べた展覧会。

03 (加工)

材料に手を加えて、新しいものをつくる
こと。
他例 下降 (かこう)

04 (河口)

川が海や湖に流れこむところ。

05 (改装)

建物や部屋のかざりつけを新しくするこ
と。
他例 快走 (かいそう)

06 (回送)

電車やバスなどを、からのまま他の場所
へ動かすこと。

07 (最終)

いちばんさいご。終わり。

08 (採集)

標本にする目的で、動植物などをとり集
めること。

09 (努)

努める＝力をつくす。はげむ。
他例 勤める (つとめる)

10 (務)

務める＝役目を受け持つ。

読み / 部首と部首名 / 筆順・画数 / 送りがな / 音と訓 / 四字熟語 / 対義語・類義語 / 熟語作り / 熟語の構成 / 同じ読みの漢字 / 書き取り

次の──線のカタカナを漢字になおしなさい。

□ **01** <u>サイシン</u>の情報を発表する。　（　　　）

□ **02** <u>サイシン</u>の注意をはらう。　（　　　）

□ **03** 軍隊が出動し暴動を<u>オサ</u>めた。（　　　）

□ **04** 税金を<u>オサ</u>める。　（　　　）

□ **05** 紙の<u>ゲンリョウ</u>は木材や古紙だ。（　　　）

□ **06** 試合のために<u>ゲンリョウ</u>する。（　　　）

□ **07** 都会をはなれて<u>セイヨウ</u>する。（　　　）

□ **08** <u>セイヨウ</u>の絵画を展示する。（　　　）

□ **09** 世界史で大<u>コウカイ</u>時代を学ぶ。（　　　）

□ **10** 積極的に情報を<u>コウカイ</u>する。（　　　）

読み

部首と部首名

筆順・画数

送りがな

音と訓

四字熟語

対義語・類義語

熟語作り

熟語の構成

同じ読みの漢字

書き取り

解答 / 解説

01 (最新) いちばん新しいこと。

02 (細心) 注意深く、すみずみまで心を配ること。

03 (治) 治める＝しずめる。落ち着かせる。
他例 収める

04 (納) 納める＝受け取り手にわたす。しまう。

05 (原料) 物を製造・加工するもとになる材料。

06 (減量) 体重を減らすこと。

07 (静養) 心身を静かに休めて病気やつかれをいやすこと。

08 (西洋) ヨーロッパ諸国やアメリカのこと。

09 (航海) 大航海時代＝15～17世紀、ヨーロッパ諸国が遠洋航海をして積極的に海外進出を行った時代。

10 (公開) 広くいっぱんの人々に開放すること。

次の——線のカタカナを漢字になおしなさい。

□ **01** 必要な道具を<u>ヨウイ</u>する。　　（　　　）

□ **02** 説得するのは<u>ヨウイ</u>ではない。　（　　　）

□ **03** 冬は静<u>デンキ</u>になやまされる。　（　　　）

□ **04** ヘレン・ケラーの<u>デンキ</u>を読む。（　　　）

□ **05** 口は悪いが<u>ネ</u>は親切だ。　　　（　　　）

□ **06** 親友の前で弱<u>ネ</u>をはく。　　　（　　　）

□ **07** <u>タイイン</u>後もリハビリを続ける。（　　　）

□ **08** 南極観測の<u>タイイン</u>に選ばれる。（　　　）

□ **09** 音楽の<u>サイテン</u>が開かれる。　（　　　）

□ **10** 期末テストの<u>サイテン</u>をする。（　　　）

	解答		解説
01	(用意)		前もって必要なものやかん境を整えること。したく。
02	(容易)		簡単。やさしい。
03	(電気)		静電気＝まさつによって発生する帯電現象。手などがふれるとビリッと感じる。
04	(伝記)		個人の一生にわたる行動や業績を記した書物。
05	(根)		生まれつきの性質。
06	(音)		弱音＝力のない声。いくじのない言葉。
07	(退院)		入院していた人が回復して病院を出ること。
08	(隊員)		隊に所属している人。
09	(祭典)		はなやかで大がかりなもよおしもの。祭り。
10	(採点)		点数をつけること。

読み

部首と部首名

筆順・画数

送りがな

音と訓

四字熟語

対義語・類義語

熟語作り

熟語の構成

同じ読みの漢字

書き取り

次の——線のカタカナを漢字になおしなさい。

□ 01 砂地の先に**ジュモク**が見える。 （　　　）

□ 02 雨の降りそうな**ハイイロ**の空だ。（　　　）

□ 03 外に**ホ**した服が早くもかわく。 （　　　）

□ 04 農作物の輸出を**スイシン**する。 （　　　）

□ 05 二十年ぶりに**キョウリ**に帰る。 （　　　）

□ 06 **セスジ**をのばして立つ。 （　　　）

□ 07 **サイバン**で証言する。 （　　　）

□ 08 バスの**ウンチン**を値上げする。 （　　　）

□ 09 **ワタクシ**事で申し訳ありません。（　　　）

□ 10 かなり**ホネ**が折れる仕事だ。 （　　　）

合格点
7/10

得点
/10

ここまで
がんばろう！

でる度
★★★
★★
★

	解答		解説

01 (樹木)
地面から生えている木。
他例 植樹・樹立・落葉樹・街路樹

02 (灰色)
黒みを帯びた白色。ねずみ色。グレー。

03 (干)
干す＝かわかす。水気を取り去る。

04 (推進)
物事をおし進めること。
他例 推理・推定・推測・推移

05 (郷里)
生まれ育った土地。ふるさと。
他例 郷土

06 (背筋)
背中の中心線。
他例 首筋・筋道

07 (裁判)
法的な争いを解決するために正・不正を
裁くこと。
他例 裁断・洋裁

08 (運賃)
人や貨物を運ぶ料金。

09 (私)
私事＝その人だけにかかわりのあるこ
と。

10 (骨)
骨が折れる＝苦労する。困難だ。
他例 骨身

読み

部首と部首名

筆順・画数

送りがな

音と訓

四字熟語

対義語・類義語

熟語作り

熟語の構成

同じ読みの漢字

書き取り

次の――線のカタカナを漢字になおしなさい。

□ 01 主人に<u>チュウジツ</u>な犬。 （　　　）

□ 02 来客を知らせる声に本を<u>ト</u>じた。（　　　）

□ 03 要点を<u>カンケツ</u>にまとめる。 （　　　）

□ 04 指に<u>ハリ</u>がささった。 （　　　）

□ 05 近場の<u>オンセン</u>に行く。 （　　　）

□ 06 <u>センモン</u>家に問い合わせる。 （　　　）

□ 07 一日中<u>ツクエ</u>に向かう。 （　　　）

□ 08 地下に食料を<u>チョゾウ</u>する。 （　　　）

□ 09 町の中心に<u>シロ</u>が残っている。 （　　　）

□ 10 服を洗ったら<u>チヂ</u>んだ。 （　　　）

解答

解説

01 (忠実)

真心を持ってつとめること。
他例 忠告

02 (閉)

閉じる＝開いていたものをしめる。

03 (簡潔)

短くよくまとまっていること。
他例 簡単・簡略

04 (針)

ぬいものなどに使う、細長く先のとがった金属製の道具。
他例 針金

05 (温泉)

地中の熱で温められてわき出てくる湯。

06 (専門)

専門家＝特定の分野を研究して、その道の知識や経験を多く持つ人。
他例 専用

07 (机)

本を読んだり字を書いたりするための台。

08 (貯蔵)

物を倉庫などにたくわえておくこと。
他例 冷蔵・蔵書・秘蔵

09 (城)

敵を防ぐために築いたがんじょうな建造物。

10 (縮)

縮む＝小さくなる。

次の――線のカタカナを漢字になおしなさい。

□ 01 選手会の主張が<u>ミト</u>められた。　（　　　　）

□ 02 <u>チソウ</u>から化石を発見する。　（　　　　）

□ 03 通学に<u>カタミチ</u>一時間かかる。　（　　　　）

□ 04 <u>タクハイ</u>サービスを利用する。　（　　　　）

□ 05 とうげをこえると町に<u>イタ</u>る。　（　　　　）

□ 06 気体の<u>ミツド</u>がうすい。　（　　　　）

□ 07 テレビに<u>ウツ</u>っておどろいた。　（　　　　）

□ 08 試合の<u>ヨクジツ</u>は休養日だ。　（　　　　）

□ 09 熱戦に<u>コウフン</u>した。　（　　　　）

□ 10 <u>クロシオ</u>は日本海流ともいう。　（　　　　）

読み

部首と部首名

筆順・画数

送りがな

音と訓

四字熟語

対義語・類義語

熟語作り

熟語の構成

同じ読みの漢字

書き取り

解答 / 解説

01 (認)

認める＝他人の意見・主張などを正しいとして受け入れる。

02 (地層)

種類のちがう土・石・砂などが、長い年月のうちに積もってできた層の重なり。
他例 高層（こうそう）・断層（だんそう）

03 (片道)

行きか帰りのどちらか一方。
他例 片側（かたがわ）・片方（かたほう）・片時（かたとき）

04 (宅配)

荷物を届け先まで配達すること。
他例 帰宅（きたく）・住宅（じゅうたく）

05 (至)

至る＝ある場所に行き着くこと。

06 (密度)

ある一定のはんい内にある量の割合。
他例 秘密（ひみつ）・密集（みっしゅう）・綿密（めんみつ）・密接（みっせつ）

07 (映)

映る＝映像として出る。

08 (翌日)

次の日。
他例 翌週（よくしゅう）

09 (興奮)

気持ちが高ぶること。
他例 奮戦（ふんせん）・奮起（ふんき）

10 (黒潮)

日本列島に沿って太平洋を南西から北東に流れる暖流。
他例 潮風（しおかぜ）

次の——線のカタカナを漢字になおしなさい。

□ 01 個人の**カチ**観を尊重する。　　（　　　　）

□ 02 **コト**なる意見を総合する。　　（　　　　）

□ 03 **リンジ**閣議を開く。　　　　　（　　　　）

□ 04 もめごとを**サバ**く。　　　　　（　　　　）

□ 05 誌上で作品を**ヒヒョウ**する。　（　　　　）

□ 06 栄養分を**オギナ**う。　　　　　（　　　　）

□ 07 **オンダン**化対策が急がれる。　（　　　　）

□ 08 **タテブエ**の合奏に聞き入る。　（　　　　）

□ 09 **ズノウ**プレーで相手をだしぬく。（　　　　）

□ 10 観葉植物の**カブ**を分ける。　　（　　　　）

ここまで
がんばろう！

でる度 ★★★
★★
★

解答 **解説**

読み

部首と部首名

筆順・画数

送りがな

音と訓

四字熟語

対義語・類義語

熟語作り

熟語の構成

同じ読みの漢字

書き取り

01 (価値)
価値観＝値打ちの判断基準となる考え。

02 (異)
異なる＝ある物事と他の物事が同じでない。ちがう。

03 (臨時)
決まった日時以外に、その時だけ行うこと。

04 (裁)
裁く＝争いがあった時、よい悪いのどちらかに決めること。判決を下す。

05 (批評)
物事のよい悪いを見わけて意見を言うこと。
[他例] 評判

06 (補)
補う＝不足していたり、欠けたりしている部分を付け足すこと。

07 (温暖)
気候が暖かく、おだやかな様子。
[他例] 寒暖

08 (縦笛)
縦に持ってふく笛。尺八・クラリネット・リコーダーなど。

09 (頭脳)
物事を判断する脳のはたらき。知力。

10 (株)
草木の、何本にも分かれた根元。

213

5級 配当漢字表

① 異
② 11
③ イ／こと
④ た 田
⑤ 異3 異5 異7 異9 異11
⑥
類義語 異議ー反対（いぎ）・異国ー外国（いこく）
四字熟語 大同小異（だいどうしょうい）
読み 送りがな 書き取り 異なる（こと）

---

① 漢字
5級の配当漢字191字を並べました。

② 画数
漢字の総画数を示しています。

③ 読み
音読みはカタカナ、訓読みはひらがな、送りがなは細字で示しています。中学校・高校で習う読みには（　）が付いています。

④ 部首
「漢検」で採用している部首・部首名です。

⑤ 筆順
筆順は5つの段階を示しています。右側の赤字の数字がその段階での画数です。

⑥ 用例
出題されやすいと思われる問題形式とその用例をまとめました。

異

11　イ／こと

た 田

異3 異5 異7 異9 異11

四字熟語 大同小異（だいどうしょうい）
類義語 異議ー反対（いぎ）・異国ー外国（いこく）
読み 送りがな 書き取り 異なる（こと）

胃

9　イ

にく 肉

胃3 胃5 胃6 胃7 胃9

熟語の構成 胃液（いえき）（胃の→液）
四字熟語 胃腸障害（いちょうしょうがい）

沿	延	映	宇	域	遺
8	8	9	6	11	15
エン そう	エン のびる のべる のばす	エイ うつる うつす (はえる)	ウ	イキ	(イ) (ユイ)
氵 さんずい	廴 えんにょう	日 ひへん	宀 うかんむり	土 つちへん	辶 しんにょう しんにゅう
沿3 沿5 沿6 沿7 沿8	延2 延4 延6 延7 延8	映3 映5 映7 映9	宇1 宇3 宇5 宇6	域4 域6 域8 域9 域11	遺4 遺7 遺10 遺14 遺15

沿
音と訓 沿岸（エン＋ガン） えんがん
四字熟語 沿岸漁業 えんがんぎょぎょう
読み・書き取り 沿う そう

延
四字熟語 雨天順延 うてんじゅんえん
熟語の構成 延期 えんき（延ばす↔期日を）
対義語 延長ー短縮 えんちょう

映
熟語の構成 映写 えいしゃ（どちらも「うつす」）
同じ読み 映 うつ　読み 映る うつる
書き取り 映像 えいぞう

宇
書き取り・読み 宇宙 うちゅう
四字熟語 宇宙旅行 うちゅうりょこう

域
四字熟語 地域社会 ちいきしゃかい
読み・書き取り 類義語 地域ー地区 ちいきーちく

遺
書き取り・読み 遺産 いさん
四字熟語 文化遺産・世界遺産 ぶんかいさん・せかいいさん

閣	革	拡	灰	我	恩
14	9	8	6	7	10
カク	カク (かわ)	カク	(カイ) はい	(ガ) われ (わ)	オン
門 もんがまえ	革 かくのかわ つくりがわ	扌 てへん	火 ・	戈 ほこづくり ほこがまえ	心 こころ
閣 1 閣 5 閣 9 閣 12 閣 14	革 1 革 3 革 5 革 8 革 9	拡 3 拡 5 拡 6 拡 7 拡 8	灰 1 灰 2 灰 4 灰 6	我 3 我 4 我 5 我 6 我 7	恩 3 恩 5 恩 7 恩 8 恩 10
読み 天守閣 てんしゅかく ・仏閣 ぶっかく ・閣議 かくぎ 書き取り 音と訓 内閣 ないかく (ナイ+カク)	対義語 革新－保守 かくしん 四字熟語 技術革新・政治改革 ぎじゅつかくしん せいじかいかく 読み 改革 かいかく	四字熟語 拡張工事 かくちょうこうじ 読み 書き取り 拡張 かくちょう 書き取り 熟語作り 拡張	音と訓 灰皿 (はい＋さら) はいざら 読み 書き取り 灰 はい 読み 筆順 灰	読み 書き取り 我 われ 筆順 我	熟語の構成 恩人 (恩のある←人) おんじん 書き取り 恩師 おんし

**

割	株	干	巻	看	簡
12	10	3	9	9	18
（カツ）わる われる われ （さく）	かぶ	カン ほす （ひる）	カン まく まき	カン	カン
りっとう	木 きへん	干 いちじゅう	巳 わりふ ふしづくり	目 め	竹 たけかんむり
割4 割5 割7 割9 割12	株4 株5 株8 株10	干1 干2 干3	巻1 巻6 巻7 巻8 巻9	看3 看4 看5 看7 看9	簡6 簡7 簡11 簡15 簡18
送りがな 割れる／音と訓 役割（ヤク＋わり）／書き取り 割る	四字熟語 株式会社（かぶしきがいしゃ）／音と訓 株式（かぶ＋シキ）／読み・書き取り 株（かぶ）	熟語の構成 干満（かんまん）／読み・書き取り 干す（ほす）／対義語 干潮—満潮（かんちょう）／読み 干上がる↔満ちる（ひあがる）	読み・書き取り 巻く（まく）／書き取り 巻物（まきもの）（まき＋もの）／読み 絵巻物（えまきもの）・巻紙（まきがみ）（まき＋がみ）	書き取り 看板（かんばん）／読み・熟語作り・書き取り・音と訓 看護（かんご）（カン＋ゴ）	読み・熟語作り・同じ読み／対義語 簡単—複雑（かんたん）・簡潔（かんけつ）

吸	疑	貴	揮	机	危
6	14	12	12	6	6
キュウ すう	ギ うたがう	キ （たっとい） （たっとぶ） （とうとい） （とうとぶ）	キ	（キ） つくえ	キ あぶない （あやうい） （あやぶむ）
ロ くちへん	疋 ひき	貝 かい こがい	扌 てへん	木 きへん	卩 わりふ ふしづくり
吸 1 吸 3 吸 4 吸 5 吸 6	疑 1 疑 5 疑 8 疑 11 疑 14	貴 1 貴 4 貴 6 貴 10 貴 12	揮 3 揮 6 揮 8 揮 11 揮 12	机 1 机 3 机 4 机 5 机 6	危 2 危 3 危 4 危 5 危 6

吸
四字熟語
酸素吸入（さんそきゅうにゅう）

書き取り
吸う・呼吸（こきゅう）

対義語
吸収—発散（きゅうしゅう）

疑
四字熟語
半信半疑・質疑応答（はんしんはんぎ・しつぎおうとう）

対義語
質疑—応答（しつぎ）

送りがな
疑う（うたがう）

貴
読み・熟語作り

同じ読み

書き取り
貴重（きちょう）

揮
書き取り
発揮（はっき）

同じ読み

類義語
指揮—指図（しき）

四字熟語
実力発揮（じつりょくはっき）

机
読み・書き取り
机（つくえ）

危
読み・送りがな・書き取り
危ない（あぶない）

対義語
危険—安全（きけん）

系	筋	勤	郷	胸	供
7	12	12	11	10	8
ケイ	キン すじ	キン （ゴン） つとめる つとまる	キョウ （ゴウ）	キョウ むね （むな）	キョウ （ク） そなえる とも
系 いと	⺮ たけかんむり	力 ちから	⻏ おおざと	月 にくづき	イ にんべん
系¹ 系³ 系⁴ 系⁵ 系⁷	筋⁴ 筋⁶ 筋⁸ 筋¹¹ 筋¹²	勤³ 勤⁶ 勤⁷ 勤¹⁰ 勤¹²	郷² 郷⁴ 郷⁶ 郷⁹ 郷¹¹	胸⁴ 胸⁶ 胸⁷ 胸⁹ 胸¹⁰	供² 供³ 供⁴ 供⁵ 供⁸

<table>
<tr><td>読み 系統（けいとう）

筆順 系</td><td>書き取り 筋道（すじみち）
音と訓 筋道（すじ＋みち）
同じ読み 筋・筋肉（すじ・きんにく）
読み 鉄筋（てっきん）</td><td>熟語の構成 勤務（きんむ）（どちらも「つとめる」）
書き取り 勤・勤続（つとむ・きんぞく）
類義語 勤勉－努力（きんべん－どりょく）</td><td>四字熟語 郷土芸能（きょうどげいのう）
書き取り 郷里（きょうり）
筆順 郷
同じ読み 郷土（きょうど）</td><td>熟語作り 度胸（どきょう）
読み 書き取り 胸（むね）
熟語の構成 胸囲（きょうい）（胸の→周囲）</td><td>熟語作り 提供（ていきょう）
同じ読み 供・供（とも・そな）
送りがな 供える（そなえる）</td></tr>
</table>

*

券	穴	激	劇	警	敬
8	5	16	15	19	12
ケン	（ケッ） あな	ゲキ はげしい	ゲキ	ケイ	ケイ うやまう
刀 かたな	穴 あな	シ さんずい	リ りっとう	言 げん	攵 のぶん ぼくづくり
券2 券4 券6 券7 券8	穴1 穴2 穴3 穴4 穴5	激3 激8 激11 激14 激16	劇1 劇3 劇8 劇10 劇15	警3 警8 警12 警16 警19	敬3 敬5 敬9 敬11 敬12
書き取り 食券(しょっけん) 音と訓 株券(かぶけん) （かぶ＋ケン）	音と訓 読み 書き取り 節穴(ふしあな) （ふし＋あな）・穴場(あなば) （あな＋ば） 読み 書き取り 穴(あな)	類義語 感激(かんげき)－感動 読み 送りがな 書き取り 激しい(はげしい)	書き取り 劇(げき) 同じ読み 熟語の構成 観劇(かんげき) （みる↑劇を）	書き取り 警察(けいさつ) 読み 警報(けいほう) 熟語作り 警告(けいこく)	熟語の構成 尊敬(そんけい)（どちらも「うやまう」） 送りがな 敬う(うやまう) 類義語 敬服(けいふく)－感心 敬老(けいろう)（敬う↑老人を）

絹	権	憲	源	厳	己
13	15	16	13	17	3
（ケン）きぬ	（ケン）（ゴン）	ケン	ゲン みなもと	（ゲン）（ゴン）きびしい（おごそか）	（コ）（キ）（おのれ）
糸 いとへん	木 きへん	心 こころ	シ さんずい	⺍ つかんむり	己 おのれ
絹2 絹4 絹8 絹11 絹13	権7 権9 権11 権12 権15	憲4 憲5 憲10 憲13 憲16	源4 源6 源11 源13	厳4 厳9 厳12 厳15 厳17	己1 己2 己3
読み 絹（きぬ）　熟語の構成 絹糸（絹の→糸）（きぬいと）　音と訓 絹地（きぬじ）（きぬ＋ジ）	音と訓 対義語 権利ー義務（けんり）　熟語の構成 特権（特別な→権利）（とっけん）　四字熟語 主権在民（しゅけんざいみん）　筆順 権	音と訓 憲法（けんぽう）（ケン＋ポウ）　読み 立憲（りっけん）	四字熟語 書き取り 天然資源（てんねんしげん）　書き取り 資源（しげん）　対義語 水源ー河口（すいげん）　読み 源（みなもと）	同じ読み 厳禁（げんきん）　読み・送りがな 書き取り 厳しい（きびしい）　四字熟語 時間厳守（じかんげんしゅ）	熟語の構成 自己（じこ）（どちらも「自分」）　同じ読み・類義語 自己ー自分（じこ）　四字熟語 自己満足（じこまんぞく）

配当漢字表

紅	皇	孝	后	誤	呼
9	9	7	6	14	8
コウ (ク) べに (くれない)	コウ オウ	コウ	コウ	ゴ あやまる	コ よぶ
糸 いとへん	白 しろ	子 こ	口 くち	言 ごんべん	口 くちへん
紅2 紅4 紅7 紅8 紅9	皇1 皇3 皇6 皇7 皇9	孝1 孝2 孝4 孝5 孝7	后1 后2 后3 后5 后6	誤7 誤10 誤11 誤12 誤14	呼2 呼4 呼7 呼8

紅
- 熟語の構成・音と訓 紅白 こうはく (紅↔白)
- 口紅 くちべに (くち+べに)
- 書き取り 紅茶 こうちゃ

皇
- 筆順 皇
- 書き取り 皇后 こうごう・皇居 こうきょ
- 音と訓 皇室 こうしつ (コウ+シツ)

孝
- 音と訓 孝行 こうこう (コウ+コウ)
- 熟語の構成 不孝 ふこう (親孝行でない)

后
- 筆順 后
- 書き取り 皇后 こうごう

誤
- 読み・送りがな・書き取り 正誤 せいご (正しい↔誤り)
- 熟語の構成 誤り あやまり

呼
- 読み・書き取り 呼ぶ よぶ・呼吸 こきゅう
- 四字熟語 人員点呼 じんいんてんこ

**＊＊

困	骨	穀	刻	鋼	降
7	10	14	8	16	10
コン こまる	コツ ほね	コク	コク きざむ	コウ （はがね）	コウ おりる おろす ふる
口 くにがまえ	骨 ほね	禾 のぎへん	リ りっとう	金 かねへん	阝 こざとへん
困2 困3 困4 困6 困7	骨1 骨3 骨7 骨8 骨10	穀3 穀7 穀11 穀13 穀14	刻3 刻4 刻5 刻6 刻8	鋼8 鋼10 鋼13 鋼14 鋼16	降3 降5 降8 降9 降10

困 熟語の構成 困苦（どちらも「こまる」）／対義語 困難↔容易／書き取り 困る

骨 音と訓 骨身（ほね＋み）／書き取り 骨・鉄骨・筋骨／四字熟語 複雑骨折

穀 読み 穀物／音と訓 穀類（コク＋ルイ）／四字熟語 穀倉地帯

刻 読み・送りがな 定刻（ティ＋コク）／書き取り 刻む

鋼 読み・書き取り・音と訓 鋼鉄（コウ＋テツ）

降 同じ読み 降下／熟語の構成 乗降（乗る↔降りる）／読み・書き取り 降る・降りる

冊	策	裁	済	座	砂
5	12	12	11	10	9
サツ （サク）	サク	サイ さばく （たつ）	サイ すむ すます	ザ （すわる）	サ （シャ） すな
冂 どうがまえ けいがまえ まきがまえ	竹 たけかんむり	衣 ころも	シ さんずい	广 まだれ	石 いしへん
冊1 冊2 冊3 冊4 冊5	策6 策9 策10 策11 策12	裁3 裁9 裁10 裁11 裁12	済3 済6 済8 済10 済11	座3 座5 座7 座10	砂1 砂3 砂6 砂8 砂9

冊
筆順 冊
読み 冊子 さっし
書き取り 冊 さつ

策
四字熟語 災害対策 さいがいたいさく・景気対策 けいきたいさく
読み・同じ読み 対策 たいさく
類義語 方策 ほうさく－手段

裁
書き取り 裁判 さいばん
読み・送りがな 裁く さばく
読み 洋裁 ようさい

済
読み 救済 きゅうさい
同じ読み 済 サイ
書き取り 済む すむ
対義語 返済 へんさい－借用

座
書き取り・読み 座席 ざせき・星座 せいざ

砂
音と訓 砂地（すな＋チ（ジ））・砂場（すな＋ば）
書き取り・読み 砂・砂糖 すな／さとう

11

✳✳

詞	視	姿	私	至	蚕
12	11	9	7	6	10
シ	シ	シ すがた	シ わたくし わたし	シ いたる	サン かいこ
言 ごんべん	見 みる	女 おんな	禾 のぎへん	至 いたる	虫 むし
詞4 詞7 詞8 詞10 詞12	視2 視4 視6 視9 視11	姿3 姿5 姿7 姿8 姿9	私2 私3 私5 私6 私7	至2 至3 至4 至5 至6	蚕2 蚕5 蚕8 蚕9 蚕10
読み 熟語の構成 歌詞(かし)(歌の→ことば) 筆順 詞	対義語 無視－尊重(むし) 同じ読み 近視・注視(きんし) 熟語作り 視界(しかい) 熟語の構成 無視(見ることがない)(むし)	音と訓 姿見(すがたみ) 読み 書き取り 姿・姿勢(すがた せいせい)(すがた＋み)	読み 書き取り 姿・姿勢 四字熟語 公私混同(こうしこんどう) 熟語の構成 公私(おおやけ↔わたくし) 対義語 私服－制服(しふく)	読み 書き取り 至る(いたる) 熟語作り 同じ読み 至急(しきゅう)	熟語の構成 養蚕(ようさん)(養う↑蚕を) 読み 書き取り 蚕(かいこ)

若	尺	捨	射	磁	誌
8	4	11	10	14	14
（ジャク）（ニャク）わかい（もしくは）	シャク	シャ すてる	シャ いる	ジ	シ
サ くさかんむり	尸 かばね しかばね	扌 てへん	寸 すん	石 いしへん	言 ごんべん
若3 若4 若5 若8 若	尺1 尺2 尺3 尺4	捨4 捨6 捨7 捨8 捨11	射3 射6 射8 射9 射10	磁5 磁8 磁9 磁11 磁14	誌7 誌8 誌9 誌12 誌14

若
- 音と訓：若者（わかもの）・若い（わか＋い）・若葉（わかば）・若気（わか＋ゲ）

尺
- 筆順：尺
- 読み・書き取り：尺八（しゃくはち）・縮尺（しゅくしゃく）

捨
- 熟語の構成：取捨（取る⇔捨てる）
- 送りがな・書き取り：捨てる
- 四字熟語：四捨五入（ししゃごにゅう）

射
- 四字熟語：予防注射（よぼうちゅうしゃ）・直射日光（ちょくしゃにっこう）・条件反射（じょうけんはんしゃ）
- 同じ読み：射る
- 読み：射る（いる）

磁
- 四字熟語：永久磁石（えいきゅうじしゃく）
- 読み・書き取り・音と訓：磁石（ジ＋シャク）
- 同じ読み：磁針（じしん）

誌
- 書き取り：月刊雑誌（げっかんざっし）・学級日誌（がっきゅうにっし）
- 四字熟語：雑誌（ざっし）

従	衆	就	宗	収	樹
10	12	12	8	4	16
ジュウ （ショウ） （ジュ） したがう したがえる	シュウ （シュ）	シュウ （ジュ） つく つける	シュウ （ソウ）	シュウ おさめる おさまる	ジュ
イ ぎょうにんべん	血 ち	尢 だいのまげあし	宀 うかんむり	又 また	木 きへん
従 3 従 6 従 7 従 9 従 10	衆 6 衆 8 衆 10 衆 11 衆 12	就 8 就 9 就 11 就 12	宗 3 宗 5 宗 6 宗 7 宗 8	収 1 収 2 収 3 収 4	樹 4 樹 9 樹 13 樹 14 樹 16

| 熟語の構成 主従（主である⇔従である） 読み 送りがな 書き取り 従う たがう 四字熟語 公衆道徳 こうしゅうどうとく 同じ読み 観衆 かんしゅう 筆順 衆 対義語 就職—退職 しゅうしょく たいしょく 読み 熟語作り 就任 しゅうにん 熟語の構成 就職（つく⇔職に） しゅうしょく 読み 音と訓 宗教（シュウ＋キョウ） しゅうきょう 熟語の構成 収納（どちらも「おさめる」） しゅうのう 類義語 収入—所得 しゅうにゅう しょとく 対義語 収入—支出 しゅうにゅう ししゅつ 読み 収録 しゅうろく 熟語の構成 樹木（どちらも「木」）・植樹（植える⇔樹木を） じゅもく しょくじゅ 読み 樹液・樹立・樹氷・街路樹 じゅえき じゅりつ じゅひょう がいろじゅ |

14

署	処	純	熟	縮	縦
13	5	10	15	17	16
ショ	ショ	ジュン	ジュク（うれる）	ちぢむ ちぢまる ちぢめる ちぢらす ちぢれる シュク	ジュウ たて
四 あみがしら あみめ よこめ	几 つくえ	糸 いとへん	灬 れんが れっか	糸 いとへん	糸 いとへん
署 4 署 6 署 9 署 11 署 13	処 1 処 2 処 3 処 4 処 5	純 6 純 7 純 8 純 9 純 10	熟 6 熟 8 熟 9 熟 11 熟 15	縮 6 縮 9 縮 11 縮 15 縮 17	縦 6 縦 9 縦 12 縦 14 縦 16

署
四字熟語　署名運動（しょめいうんどう）
読み　署名（しょめい）

処
四字熟語　応急処置（おうきゅうしょち）
熟語作り　類義語　処理（しょり）－始末

純
熟語の構成　単純－複雑（たんじゅん）
対義語　不純（純すいでない）（ふじゅん）
四字熟語　単純明快（たんじゅんめいかい）

熟
熟語の構成　未熟（まだ熟していない）（みじゅく）
読み　成熟（せいじゅく）

縮
対義語　縮小－拡大（しゅくしょう）・短縮－延長（たんしゅく）
送りがな　縮まる（ちぢ）
読み　縮む（ちぢ）

縦
熟語の構成　縦横（たて↔よこ）（じゅうおう）
対義語　縦断－横断（じゅうだん）
音と訓　縦糸（たて＋いと）（たていと）
読み　書き取り　縦（たて）
読み　縦糸（たて＋いと）

15

障	傷	将	承	除	諸
14	13	10	8	10	15
ショウ（さわる）	ショウ きず（いたむ）（いためる）	ショウ	ショウ（うけたまわる）	ジョ（ジ）のぞく	ショ
阝 こざとへん	イ にんべん	寸 すん	て 手	阝 こざとへん	言 ごんべん
障3 障6 障10 障13 障14	傷3 傷6 傷9 傷11 傷13	将3 将4 将7 将8 将10	承2 承5 承6 承7 承8	除3 除5 除7 除8 除10	諸7 諸8 諸11 諸13 諸15

障
- 読み　障子（しょうじ）
- 四字熟語　社会保障（しゃかいほしょう）
- 書き取り　故障（こしょう）

傷
- 音と訓　傷口（きずぐち）（きず＋ぐち）・生傷（なまきず）（なま＋きず）
- 熟語の構成　負傷（ふしょう）（負う↑傷を）
- 読み　書き取り　傷（きず）

将
- 書き取り　類義語　将来－過去（しょうらい－かこ）
- 対義語　将来－未来（しょうらい－みらい）
- 筆順　将

承
- 類義語　承知－同意（しょうち－どうい）
- 四字熟語　起承転結（きしょうてんけつ）

除
- 熟語の構成　除去（じょきょ）（どちらも「とりのぞく」）・除草（じょそう）（除く↑草を）
- 送りがな　書き取り　除く（のぞく）・解除（かいじょ）

諸
- 読み　音と訓　諸国（しょこく）（ショ＋コク）

寸	推	垂	仁	針	蒸
3	11	8	4	10	13
スン	スイ (おす)	スイ たれる たらす	(ニ)(ジン)	シン はり	ジョウ (むす)(むれる)(むらす)
寸 すん	扌 てへん	土 つち	イ にんべん	金 かねへん	＋＋ くさかんむり
寸1 寸2 寸3	推5 推6 推7 推8 推11	垂3 垂4 垂6 垂7 垂8	仁1 仁2 仁3 仁4	針4 針5 針7 針9 針10	蒸4 蒸6 蒸7 蒸9 蒸13

寸
書き取り 類義語 寸前ー直前 すんぜん
熟語作り 寸断 すんだん

推
読み 推定 すいてい
四字熟語 推理小説 すいりしょうせつ 筆順 推
熟語作り 推察 すいさつ

垂
読み 送りがな 書き取り
熟語の構成 垂直ー水平 すいちょく
対義語 垂れる たれる 筆順 垂

仁
読み 熟語作り 音と訓 仁愛 じんあい
熟語の構成 仁愛 (どちらも「おもいやり」)
仁術 じんじゅつ (ジン＋ジュツ)

針
音と訓 四字熟語 基本方針 きほんほうしん
針箱 はりばこ (はり＋ばこ)・針金 はりがね (はり＋がね)
書き取り 針 はり

蒸
筆順 蒸
読み 蒸気 じょうき
四字熟語 蒸気機関 じょうききかん

専	宣	舌	誠	聖	盛
9	9	6	13	13	11
セン （もっぱら）	セン	（セツ） した	セイ （まこと）	セイ	（セイ） （ジョウ） もる （さかる） （さかん）
すん 寸	うかんむり 宀	した 舌	ごんべん 言	みみ 耳	さら 皿

専³ 専⁵ 専⁶ 専⁷ 専⁹
宣³ 宣⁴ 宣⁷ 宣⁸ 宣⁹
舌² 舌³ 舌⁴ 舌⁵ 舌⁶
誠⁸ 誠⁹ 誠¹⁰ 誠¹¹ 誠¹³
聖² 聖⁵ 聖⁸ 聖¹¹ 聖¹³
盛¹ 盛³ 盛⁵ 盛⁸ 盛¹¹

専
熟語作り 専念・専用
書き取り 専門（せんもん）専年（せんねん）専用（せんよう）
四字熟語 専門学校（せんもんがっこう）

宣
四字熟語 平和宣言（へいわせんげん）・独立宣言（どくりつせんげん）
書き取り 類義語 宣伝（せんでん）ー広告

舌
書き取り 読み 舌（した）
音と訓 舌先（したさき）（した＋さき）

誠
類義語 誠意（せいい）ー真心
読み 熟語作り 誠実（せいじつ）

聖
同じ読み 聖火（せいか）
筆順 聖
四字熟語 聖人君子（せいじんくんし）

盛
読み 書き取り 盛る（もる）
筆順 盛

18

奏	善	銭	染	洗	泉
9	12	14	9	9	9
ソウ (かなでる)	ゼン よい	セン (ぜに)	(セン) そめる そまる (しみる) (しみ)	セン あらう	セン いずみ
大 だい	口 くち	金 かねへん	木 き	シ さんずい	水 みず
奏 3 奏 5 奏 7 奏 8 奏 9	善 2 善 5 善 6 善 9 善 12	銭 4 銭 8 銭 11 銭 12 銭 14	染 3 染 4 染 5 染 6 染	洗 3 洗 5 洗 6 洗 7 洗 9	泉 3 泉 6 泉 7 泉 8 泉 9
四字熟語 読み・書き取り 器楽合奏 (きがくがっそう) 演奏 (えんそう)・独奏 (どくそう)	筆順 善 熟語の構成 四字熟語 国際親善 (こくさいしんぜん) 善悪 (ぜんあく)（善い↔悪い）・善良 (ぜんりょう)（どちらも「よい」）	書き取り・読み 銭湯 (せんとう)・悪銭 (あくせん)・金銭 (きんせん)	読み・送りがな 書き取り 染める (そめる) 筆順 染	読み・送りがな 書き取り 熟語の構成 洗顔 (せんがん)（洗う↑顔を）・洗面 (せんめん)（洗う↑顔を） 洗う (あらう)	読み・書き取り 書き取り・音と訓 泉 (いずみ) 温泉 (おんせん)（オン＋セン）

✳︎✳︎

窓	創	装	層	操	蔵
11	12	12	14	16	15
ソウ まど	ソウ つくる	ソウ（ショウ） よそお（う）	ソウ	ソウ （あやつ る） （みさお）	ゾウ （くら）
穴 あなかんむり	刂 りっとう	衣 ころも	尸 かばね しかばね	扌 てへん	艹 くさかんむり

窓：窓4 窓6 窓8 窓9 窓11

創：創4 創6 創7 創9 創12

装：装1 装4 装7 装10 装12

層：層1 層5 層8 層12 層14

操：操5 操8 操11 操14 操16

蔵：蔵4 蔵6 蔵9 蔵13 蔵15

窓
熟語の構成 読み 書き取り 窓（まど）
音と訓 車窓（しゃそう）（車の→窓）
窓口（まどぐち）（まど＋ぐち）

創
四字熟語 熟語作り 音と訓
天地創造（てんちそうぞう）
創造（ソウ＋ゾウ）

装
四字熟語 書き取り 服装（ふくそう）
読み 実験装置（じっけんそうち）
装置（そうち）
同じ読み 高層（こうそう）

層
読み 地層（ちそう）
四字熟語 高層建築（こうそうけんちく）
同じ読み 高層（こうそう）

操
読み・熟語作り 操作（そうさ）
四字熟語 器械体操（きかいたいそう）
書き取り 体操（たいそう）

蔵
同じ読み 熟語作り
内蔵（ないぞう）
貯蔵（ちょぞう）
筆順 蔵 読み 地蔵（じぞう）

担	宅	退	尊	存	臓
8	6	9	12	6	19
タン (かつぐ) (になう)	タク	タイ しりぞく しりぞける	ソン たっとい たっとぶ とうとい とうとぶ	ゾン ソン	ゾウ
扌 てへん	宀 うかんむり	辶 しんにょう しんにゅう	寸 すん	子 こ	月 にくづき

担	宅	退	尊	存	臓
担 3	宅 1	退 1	尊 3	存 1	臓 8
担 4	宅 3	退 3	尊 5	存 2	臓 10
担 5	宅 4	退 6	尊 7	存 3	臓 13
担 7	宅 5	退 8	尊 10	存 4	臓 17
担 8	宅 6	退 9	尊 12	存 6	臓 19

担

四字熟語　負担軽減（ふたんけいげん）

熟語作り　負担・分担（ふたん・ぶんたん）

書き取り　担任（たんにん）

宅

熟語の構成　帰宅ー外出（きたく）

対義語　帰宅（帰る←自宅に）

類義語　住宅ー家屋（じゅうたく）

四字熟語　宅地造成（たくちぞうせい）

退

熟語の構成　一進一退（いっしんいったい）

四字熟語　退院（退く←病院を）（たいいん）

同じ読み　退職ー就職（たいしょく）

対義語　勇退（ゆうたい）

尊

熟語の構成　尊敬（そんけい）（どちらも「うやまう」）

書き取り　尊い・尊さ（とうとい・とうとさ）

読み　尊重（そんちょう）

存

書き取り　生存競争（せいぞんきょうそう）

四字熟語　保存（ほぞん）

熟語の構成　存在（ぞんざい）（どちらも「ある」）

読み　存分・存続（ぞんぶん・ぞんぞく）

臓

四字熟語　臓器移植（ぞうきいしょく）

同じ読み　内臓（ないぞう）

探	誕	段	暖	値	宙
11	15	9	13	10	8
タン さがす (さぐる)	タン	ダン	ダン あたたか あたたかい あたたまる あたためる	チ ね (あたい)	チュウ
扌 てへん	言 ごんべん	殳 るまた ほこづくり	日 ひへん	イ にんべん	宀 うかんむり
探4 探6 探8 探11	誕8 誕9 誕10 誕13 誕15	段2 段5 段6 段7 段9	暖5 暖8 暖10 暖11 暖13	値3 値4 値6 値9 値10	宙4 宙5 宙6 宙7 宙8

探の欄:
- **読み** 探す・探検
- **音と訓** 探検（タン＋ケン）

誕の欄:
- **読み** 誕生日
- **書き取り　類義語** 誕生－出生
- **筆順** 誕

段の欄:
- **類義語** 手段－方法
- **書き取り** 階段
- **対義語** 手段－目的

暖の欄:
- **対義語** 温暖－寒冷
- **同じ読み　書き取り** 温暖（どちらも「あたたかい」）・寒暖（寒い⇔暖かい）
- **読み** 暖かい

値の欄:
- **熟語作り　書き取り** 値
- **類義語** 価値
- **同じ読み** 値段－価格

宙の欄:
- **書き取り** 宇宙
- **四字熟語** 宇宙旅行
- **筆順** 宙

潮	腸	頂	庁	著	忠
15	13	11	5	11	8
チョウ しお	チョウ	チョウ いただき いただく	チョウ	チョ (あらわす)(いちじるしい)	チュウ
氵 さんずい	月 にくづき	頁 おおがい	广 まだれ	⺿ くさかんむり	心 こころ

潮 4	腸 3	頂 1	庁 1	著 4	忠 2
潮 7	腸 6	頂 4	庁 2	著 5	忠 3
潮 10	腸 9	頂 6	庁 3	著 7	忠 5
潮 13	腸 11	頂 9	庁 4	著 9	忠 6
潮 15	腸 13	頂 11	庁 5	著 11	忠 8

潮

同じ読み　読み
潮 しお

音と訓
黒潮 くろしお（くろ＋しお）

腸

四字熟語
胃腸障害 いちょうしょうがい

頂

熟語の構成
山頂 さんちょう（山の→頂）・登頂 とうちょう（登る←頂に）

読み　書き取り
頂 いただき

四字熟語
人気絶頂 にんきぜっちょう

庁

音と訓
官庁 かんちょう（カン＋チョウ）

読み
庁舎 ちょうしゃ

著

読み　対義語
著者 ちょしゃ―読者

読み　類義語　熟語作り
著名 ちょめい―有名

忠

書き取り　対義語
忠告 ちゅうこく―助言

熟語作り
忠実 ちゅうじつ

23

＊＊

党	討	展	敵	痛	賃
10	10	10	15	12	13
トウ	トウ (うつ)	テン	テキ (かたき)	ツウ いたい いたむ いためる	チン
儿 ひとあし にんにょう	言 ごんべん	尸 かばね しかばね	攵 のぶん ぼくづくり	疒 やまいだれ	貝 かい こがい
党1 党4 党7 党9 党10	討4 討6 討8 討9 討10	展2 展4 展6 展8 展10	敵5 敵8 敵11 敵13 敵15	痛2 痛6 痛9 痛11 痛12	賃4 賃5 賃8 賃11 賃13

党
四字熟語 政党政治 せいとうせいじ
同じ読み 政党 せいとう
読み 党首 とうしゅ
筆順 党

討
書き取り 討論 とうろん
四字熟語 政治討論 せいじとうろん
熟語作り 検討 けんとう

展
類義語 発展 はってん―進歩
同じ読み 展示 てんじ
読み 展開図 てんかいず

敵
四字熟語 油断大敵 ゆだんたいてき
音と訓 敵方 てきがた (テキ＋かた)
対義語 敵対 てきたい―好意 こうい

痛
読み 送りがな 書き取り 苦痛 くつう
対義語 苦痛―快楽 かいらく
痛い いたい

賃
類義語 賃金 ちんぎん―給料
読み 書き取り 運賃 うんちん

納	認	乳	難	届	糖
10	14	8	18	8	16
ノウ （ナッ）（トウ）（ナ）（ナン） おさめる おさまる	（ニン） みとめる	ニュウ ちち ち	ナン むずかしい （かたい）	とどける とどく	トウ
糸 いとへん	言 ごんべん	し おつ	隹 ふるとり	尸 かばね しかばね	米 こめへん
納6 納7 納8 納9 納10	認8 認9 認11 認12 認14	乳1 乳4 乳5 乳6 乳8	難8 難12 難14 難15 難18	届2 届3 届5 届6 届8	糖8 糖10 糖12 糖13 糖16

納
- 読み 送りがな
- 熟語の構成 未納（みのう）（まだ納めていない）・納税（のうぜい）（納める↔税金を）
- 納める（おさ）

認
- 読み 送りがな 認める（みと）
- 筆順 認

乳
- 熟語の構成 書き取り 牛乳（ぎゅうにゅう）（牛の→乳）
- 読み 乳（ちち）

難
- 熟語の構成 難易（なんい）（難しい↔易しい）
- 送りがな 書き取り 難しい（むずか）
- 対義語 困難（こんなん）−容易（ようい）

届
- 読み 書き取り 届く（とど）
- 送りがな 届ける（とど）

糖
- 同じ読み 糖分（とうぶん）
- 書き取り 砂糖（さとう）
- 筆順 糖

俳	肺	背	拝	派	脳
10	9	9	8	9	11
ハイ	ハイ	ハイ せい (そむく)(そむける)	ハイ おがむ	ハ	ノウ
イ にんべん	月 にくづき	肉 にく	扌 てへん	シ さんずい	月 にくづき
俳³ 俳⁶ 俳⁷ 俳⁸ 俳¹⁰	肺⁵ 肺⁶ 肺⁷ 肺⁸ 肺⁹	背¹ 背² 背⁴ 背⁶ 背⁹	拝¹ 拝² 拝⁴ 拝⁷ 拝⁸	派⁴ 派⁵ 派⁶ 派⁹	脳⁵ 脳⁸ 脳⁹ 脳¹⁰ 脳¹¹

俳
類義語　俳優(はいゆう)-役者(やくしゃ)
読み・書き取り　俳句(はいく)
筆順　俳

肺
読み　肺活量(はいかつりょう)
書き取り　肺(はい)

背
類義語　背後(はいご)-後方(こうほう)
音と訓　背骨(せぼね)(せ＋ぼね)・背中(せなか)(せ＋なか)
書き取り　背景(はいけい)・背(せ)

拝
読み・送りがな・書き取り　拝む(おがむ)
読み　参拝(さんぱい)・拝観(はいかん)

派
対義語　派手(はで)-地味
音と訓・熟語作り　派手(ハ＋で)(はで)
筆順　派

脳
筆順　脳
読み　首脳(しゅのう)
四字熟語　首脳会談(しゅのうかいだん)

俵	秘	批	否	晩	班
10	10	7	7	12	10
ヒョウ たわら	（ヒ） ひめる	ヒ	ヒ （いな）	バン	ハン
イ にんべん	禾 のぎへん	扌 てへん	口 くち	日 ひへん	王 おうへん たまへん
俵3 俵5 俵7 俵8 俵10	秘6 秘7 秘8 秘9 秘10	批3 批4 批5 批6 批7	否1 否2 否3 否4 否7	晩5 晩7 晩9 晩11 晩12	班4 班6 班7 班8 班10

俵
音と訓 書き取り
炭俵（すみ＋だわら）・米俵（こめ＋だわら）
土俵（どひょう）

秘
対義語
秘密―公開（ひみつ）
読み
神秘（しんぴ）
熟語作り
秘蔵（ひぞう）

批
読み 書き取り 音と訓
批評（ヒ＋ヒョウ）・批判（ヒ＋ハン）
（ひひょう）（ひはん）

否
筆順
否
対義語
否決―可決（ひけつ）
四字熟語
賛否両論（さんぴりょうろん）
熟語作り
否定（ひてい）

晩
読み
晩秋（ばんしゅう）
書き取り 四字熟語
毎晩（まいばん）大器晩成（たいきばんせい）
音と訓
晩飯（バン＋めし）（ばんめし）

班
書き取り 熟語の構成
班長（班の→長）（はんちょう）
筆順
班

27

腹	奮	並	陛	閉	片
13	16	8	10	11	4
フク はら	フン ふるう	（ヘイ） なみ ならぶ ならべる ならびに	ヘイ	ヘイ とじる しめる しまる （とざす）	（ヘン） かた
月 にくづき	大 だい	一 いち	阝 こざとへん	門 もんがまえ	片 かた
腹5 腹8 腹10 腹11 腹13	奮5 奮8 奮11 奮14 奮16	並3 並4 並5 並7 並8	陛4 陛6 陛8 陛9 陛10	閉1 閉5 閉7 閉9 閉11	片1 片2 片3 片4
読み 同じ読み 書き取り 熟語の構成 立腹（立てる↔腹を）りっぷく 読み 腹 はら	読み 書き取り 対義語 読み 奮う ふるう 興奮↔冷静 こうふん	送りがな 並べる ならべる 音と訓 並木（なみ＋き） 読み 書き取り 並ぶ ならぶ	筆順 陛 書き取り 陛下 へいか	熟語の構成 開閉（開く↔閉じる）かいへい・閉店（閉める↔店を）へいてん 送りがな 書き取り 閉じる とじる	四字熟語 片側通行 かたがわつうこう 対義語 片道↔往復 かたみち↔おうふく 音と訓 片道（かた＋みち）かたみち

忘	亡	訪	宝	暮	補
7	3	11	8	14	12
（ボウ） わすれる	ボウ （モウ） （ない）	ホウ たずねる （おとずれる）	ホウ たから	（ボ） くれる くらす	ホ おぎなう
心 こころ	亠 なべぶた けいさんかんむり	言 ごんべん	宀 うかんむり	日 ひ	ネ ころもへん
忘 2 忘 3 忘 5 忘 6 忘 7	亡 1 亡 2 亡 3	訪 7 訪 8 訪 9 訪 10 訪 11	宝 4 宝 5 宝 7 宝 8	暮 5 暮 8 暮 9 暮 12 暮 14	補 4 補 6 補 10 補 11 補 12

忘
送りがな・書き取り
忘れる（わすれる）

亡
類義語・同じ読み
死亡（しぼう）—誕生（しぼう・たんじょう）

対義語
死亡（しぼう）—誕生

訪
筆順
訪

読み
訪ねる（たずねる）

四字熟語
家庭訪問（かていほうもん）

宝
熟語の構成
国宝（こくほう）（国の→宝物）

読み・書き取り
宝・宝庫（たから・ほうこ）

音と訓
宝船（たからぶね）（たから＋ぶね）

暮
読み・送りがな・書き取り
暮れる（くれる）

補
読み・送りがな
補う（おぎなう）　読み　補修（ほしゅう）

四字熟語
栄養補給（えいようほきゅう）・補足説明（ほそくせつめい）

模	盟	密	幕	枚	棒
14	13	11	13	8	12
ボ モ	メイ	ミツ	バク マク	マイ	ボウ
木 きへん	皿 さら	宀 うかんむり	巾 はば	木 きへん	木 きへん
模5 模9 模12 模13 模14	盟5 盟8 盟10 盟12 盟13	密4 密5 密6 密9 密11	幕5 幕8 幕11 幕12 幕13	枚4 枚5 枚6 枚7 枚8	棒5 棒7 棒8 棒11 棒12

読み・書き取り
書き取り・対義語
模型（もけい）―実物
模様（もよう）

類義語
熟語作り
加盟（かめい）―加入

対義語
四字熟語
秘密（ひみつ）―公開・密集（みっしゅう）―散在
人口密度（じんこうみつど）

類義語
開幕（かいまく）―開演
音と訓
幕内（まくうち）（マク＋うち）

書き取り
枚数（まいすう）
読み
枚挙（まいきょ）

書き取り
鉄棒（てつぼう）
音と訓
相棒（あいぼう）（あい＋ボウ）
四字熟語
針小棒大（しんしょうぼうだい）

欲	幼	預	優	郵	訳
11	5	13	17	11	11
ヨク (ほしい) (ほっする)	ヨウ おさない	ヨ あずける あずかる	ユウ (やさしい) (すぐれる)	ユウ	ヤク わけ
欠 あくび かける	幺 いとがしら	頁 おおがい	イ にんべん	阝 おおざと	言 ごんべん
欲4 欲6 欲8 欲10 欲11	幼1 幼2 幼3 幼4 幼5	預3 預5 預8 預11 預13	優6 優9 優12 優15 優17	郵3 郵5 郵6 郵7 郵11	訳7 訳8 訳9 訳10 訳11

欲
- 読み・書き取り 食欲（しょくよく）
- 四字熟語 学習意欲（がくしゅういよく）・私利私欲（しりしよく）・欲求不満（よっきゅうふまん）
- 熟語作り 欲望（よくぼう）

幼
- 熟語の構成 幼児（ようじ） （幼い↔こども）
- 読み・送りがな 書き取り 幼い（おさな）

預
- 類義語 預金（よきん）－貯金（ちょきん）
- 読み・送りがな 書き取り 預ける（あず）

優
- 類義語 俳優（はいゆう）－役者（やくしゃ）
- 四字熟語 優先順位（ゆうせんじゅんい）
- 書き取り 優勝（ゆうしょう）
- 同じ読み 優良（ゆうりょう）

郵
- 四字熟語 速達郵便（そくたつゆうびん）・郵便配達（ゆうびんはいたつ）・書留郵便（かきとめゆうびん）
- 筆順 郵
- 書き取り 郵便（ゆうびん）

訳
- 読み・書き取り 訳（わけ）
- 同じ読み 訳（やく）

＊＊

翌	乱	卵	覧	裏	律
11	7	7	17	13	9
ヨク	ラン みだれる みだす	(ラン) たまご	ラン	(リ) うら	リツ (リチ)
羽 はね	し おつ	卩 わりふ ふしづくり	見 みる	衣 ころも	イ ぎょうにんべん
翌2 翌5 翌8 翌10 翌11	乱2 乱3 乱4 乱5 乱7	卵2 卵3 卵5 卵6 卵7	覧1 覧5 覧9 覧12 覧17	裏4 裏6 裏7 裏10 裏13	律3 律4 律6 律8 律9

翌（右列）
熟語の構成 翌週（よくしゅう）（次の→週）・翌日（よくじつ）（次の→日）
書き取り 翌日（よくじつ）

乱
四字熟語 一心不乱（いっしんふらん）
送りがな・書き取り 乱れる（みだれる） **読み** 混乱（こんらん）
対義語 散乱（さんらん）—整理

卵
筆順 卵 **読み** 卵（たまご）
音と訓 生卵（なまたまご）（なま+たまご）

覧
筆順 覧 **読み** 回覧（かいらん）
音と訓 遊覧（ゆうらん）（ユウ+ラン）

裏
音と訓 裏作（うらさく）（うら+サク）・裏地（うらじ）（うら+ジ）
書き取り 裏 **読み** 裏庭（うらにわ）

律
熟語作り 規律（きりつ） **読み** 法律（ほうりつ）

論	朗	臨
15	10	18
ロン	ロウ（ほがらか）	リン（のぞむ）
言 ごんべん	月 つき	臣 しん
論8 論11 論12 論13 論15	朗2 朗4 朗5 朗8 朗10	臨1 臨5 臨9 臨14 臨18

臨
- 対義語　臨時（りんじ）－通常
- 四字熟語　臨機応変（りんきおうへん）
- 四字熟語　臨時列車（りんじれっしゃ）・臨時休業（りんじきゅうぎょう）

朗
- 類義語　明朗（めいろう）－快活
- 書き取り　朗読（ろうどく）
- 熟語作り　朗報（ろうほう）
- 四字熟語　明朗快活（めいろうかいかつ）

論
- 書き取り　類義語　討論（とうろん）－討議　筆順　論
- 四字熟語　世論調査（よろんちょうさ）

おもな特別な読み、熟字訓・当て字

ア
- 明日　あす
- 大人　おとな

カ
- 河原・川原　かわら・かわら
- 母さん　かあさん
- 昨日　きのう
- 今日　きょう
- 果物　くだもの
- 今朝　けさ

サ
- 景色　けしき
- 今年　ことし
- 清水　しみず
- 上手　じょうず

タ
- 七夕　たなばた
- 一日　ついたち
- 手伝う　てつだう
- 父さん　とうさん
- 時計　とけい
- 友達　ともだち

ナ
- 兄さん　にいさん
- 姉さん　ねえさん
- 博士　はかせ
- 二十日　はつか

ハ
- 一人　ひとり
- 二人　ふたり
- 二日　ふつか
- 下手　へた
- 部屋　へや

マ
- 迷子　まいご
- 真面目　まじめ
- 真っ赤　まっか
- 真っ青　まっさお
- 眼鏡　めがね

ヤ
- 八百屋　やおや

** *

1 次の——線の**漢字の読み**をひらがなで書きなさい。

解答は
42・43
ページ

各1点
／20

1 かれは明朗な青年です。

2 源を南アルプスに発する川。

3 父の会社を訪ねる。

4 国宝の仏像を拝観する。

5 新しい庁舎が完成する。

6 穴からへびの頭がのぞく。

7 なぞが多く神秘的な生物だ。

8 この川で泳ぐのは危ない。

2 次の漢字の**部首と部首名**を後の
の中から選び、**記号**で答えなさい。

各1点
／10

		部首	部首名
例	万	（ あ ）	（ ク ）
1	劇	（ ）	（ ）
2	認	（ ）	（ ）
3	潮	（ ）	（ ）
4	貴	（ ）	（ ）
5	腹	（ ）	（ ）

制限時間
60分

合格点
140点

得点
／200

34

9 激しい運動はひかえる。

10 お城の天守閣を修理する。

11 ついに一人前と認められる。

12 足りない言葉を補う。

13 問題を系統だてて考える。

14 部屋に警報装置を取りつける。

15 毎朝点呼をとる。

16 体操着を忘れる。

17 宗教改革について学ぶ。

18 宿題が終わらなくて困る。

19 強風で街路樹がたおれた。

20 今来たと顔を並べるつばめかな

あ 一 り う 夂 え ⻌ お 虍

か 心 き 月 く 言 け 貝 こ 十

ア かい
こがい

イ こころ

ウ りっとう

エ じゅう

オ さんずい

カ ごんべん

キ とらがしら
とらかんむり

ク いち

ケ すいにょう
ふゆがしら

コ にくづき

35

3

次の漢字の**赤い画**のところは筆順の何画目か、また**総画数**は何画か、**算用数字**（1、2、3…）で答えなさい。

各1点 /10

		何画目		総画数	
例	京	（ 6 ）		（ 8 ）	
1	磁	（ ）		（ ）	
2	存	（ ）		（ ）	
3	孝	（ ）		（ ）	
4	株	（ ）		（ ）	
5	届	（ ）		（ ）	

5

漢字の読みには音と訓があります。次の**熟語の読み**は□の中のどの組み合わせになっていますか。**ア～エの記号**で答えなさい。

各2点 /20

> ア 音と音　　イ 音と訓
> ウ 訓と訓　　エ 訓と音

1 茶畑
2 古傷
3 創設
4 首筋
5 株式
6 砂糖
7 番付
8 裏庭
9 弱気
10 尊重

36

4

次の――線の**カタカナ**の部分を漢字一字と送りがな（ひらがな）になおしなさい。

各2点 /10

例 ボールをナゲル。（投げる）

1 ステル神あれば拾う神あり。

2 お地蔵様にお団子をソナエル。

3 布を黄色にソメル。

4 法のもとに事件をサバク。

5 かぜをひいて頭がイタイ。

6

次の**カタカナ**を漢字になおし、一字だけ書きなさい。

各2点 /20

1 親ゼン試合

2 世界イ産

3 スイ理小説

4 条件反シャ

5 人ロミツ度

6 ヨッ求不満

7 学級日シ

8 宇チュウ遊泳

9 天変地イ

10 セン門技術

7

後の□の中のひらがなを漢字になおして、**対義語**（意味が反対や対になることば）と、**類義語**（意味がよくにたことば）を書きなさい。□の中のひらがなは**一度だけ**使い、**漢字一字**を書きなさい。

各2点
/20

対義語

1　冷静―興□

2　横断―□断

3　往復―□道

4　複雑―□単

5　順境―□境

8

後の□の中から漢字を選んで、次の意味にあてはまる**熟語**を作りなさい。答えは**記号**で書きなさい。

各2点
/10

例　はなす人。　　話者（**オ・イ**）

1　生まれそだった土地。ふるさと。

2　物をつくるもとになるもの。

3　ぜんたいをわけ合って受け持つこと。

4　取りこんで自分のものとすること。

5　良い悪いを見わけて意見を言うこと。

ア　収　　イ　者　　ウ　資　　エ　郷　　オ　話
カ　分　　キ　吸　　ク　源　　ケ　判　　コ　故
サ　担　　シ　批

類義語

6　広告　―　□伝

7　作者　―　□者

8　質問　―　質□

9　感心　―　□服

10　進歩　―　発□

かた・かん・ぎ・ぎゃっ・けい・
じゅう・せん・ちょ・てん・ふん

9

漢字を二字組み合わせた熟語で
は、二つの漢字の間に意味の上で、
次のような関係があります。

ア　反対や対になる意味の字を組み合わせたもの　（例）強弱

イ　同じような意味の字を組み合わせたもの　（例）進行

ウ　上の字が下の字の意味を説明（修飾）しているもの　（例）国旗

エ　下の字から上の字へ返って読むと意味がよくわかるもの　（例）消火

次の**熟語**は、右の**ア～エ**のどれにあたるか、
記号で答えなさい。

各2点
／20

1　視力

2　存在

3　紅白

4　育児

5　難易

6　幼虫

7　洗面

8　永久

9　秒針

10　採光

10

次の——線の**カタカナ**を漢字になおしなさい。

各2点 /20

1 飛行機の急コウカにおどろく。

2 朝礼でコウカをうたう。

3 相手とユウコウ的に話し合う。

4 ユウコウ期限を確かめる。

5 イギリスのツウカはポンドだ。

6 急行電車が駅をツウカする。

11

次の——線の**カタカナ**を漢字になおしなさい。

各2点 /40

1 飛行機のモケイを作ろう。

2 生糸はカイコのまゆから作る。

3 選手がワレサキにと飛び出す。

4 授業時間をタンシュクする。

5 国際連合にカメイする。

6 この国のキヌ織物は質が良い。

7 自分のケンリを主張する。

8 予定より早く用事がスんだ。

9 牛のチチしぼりをする。

10 問題のハイケイを解説する。

7 バザーの商品にネをつける。

8 つらい仕事にネをあげる。

9 犯人をホウイする。

10 目的地のホウイを調べる。

11 リッパに任務をやりとげる。

12 おくれたワケを話してください。

13 酸性雨がシンコクな問題になる。

14 海辺でマき貝を拾った。

15 ピアノのエンソウにうっとりする。

16 フライパンに油をタらす。

17 ハンチョウが集まって話し合う。

18 いつの間にか日がクれる。

19 山のチョウジョウにたどり着く。

20 ムネをおどらせる。

模擬試験解答

1 読み

1 めいろう
2 みなもと
3 たず
4 はいかん
5 ちょうしゃ
6 あな
7 しんぴ
8 あぶ
9 はげ
10 てんしゅかく
11 みと
12 おぎな
13 けいとう

各1点

3 筆順・画数

（何画目／総画数）

1 (12)(14)
2 (2)(6)
3 (4)(7)
4 (7)(10)
5 (6)(8)

各1点

4 送りがな

1 捨てる
2 供える
3 染める
4 裁く
5 痛い

各2点

7 対義語・類義語

1 奮
2 縦
3 片
4 簡
5 逆
6 宣
7 著
8 疑
9 敬
10 展

各2点

8 熟語作り

1 コ・エ（故郷）
2 ウ・ク（資源）
3 カ・サ（分担）
4 キ・ア（吸収）
5 シ・ケ（批判）

各2点

11 書き取り

1 模型
2 蚕
3 我先
4 短縮
5 加盟
6 絹
7 権利
8 済
9 乳
10 背景
11 立派
12 訳
13 深刻

各2点

20 なら
19 てんこ
18 こま
17 しゅうきょう
16 わす
15 がいろじゅ
14 そうち

2 部首と部首名　各1点

5 （き）（コ）
4 （け）（ア）
3 （え）（オ）
2 （く）（カ）
1 （い）（ウ）

5 音と訓　各2点

5 エ **10** ア
4 ウ **9** エ
3 ア **8** ウ
2 ウ **7** イ
1 イ **6** ア

6 四字熟語　各2点

5 密 **10** 専
4 射 **9** 異
3 推 **8** 宙
2 遺 **7** 誌
1 善 **6** 欲

9 熟語の構成　各2点

5 ア **10** エ
4 エ **9** ウ
3 ア **8** イ
2 イ **7** イ
1 ウ **6** エ

10 同じ読みの漢字　各2点

5 通貨 **10** 方位
4 有効 **9** 包囲
3 友好 **8** 音
2 校歌 **7** 値
1 降下 **6** 通過

20 胸
19 頂上
18 暮
17 班長
16 垂
15 演奏
14 巻